book2
English – Serbian
for beginners

A book in 2 languages

www.book2.de

GOETHE
VERLAG

IMPRESSUM

Johannes Schumann:
book2 English - Serbian
EAN-13 (ISBN-13): 9781440434624

© Copyright 2009 by Goethe-Verlag Munich and licensors. All rights reserved. No part of this work may be reproduced or transmitted in any form or by any means, electronic or mechanical, including photocopying and recording, or by any information storage or retrieval system without the prior written permission of Goethe-Verlag GmbH unless such copying ko expressly permitted by federal copyright law. Address inquiries to:

© Copyright 2009 Goethe-Verlag München und Lizenzgeber. Alle Rechte vorbehalten, auch die der fotomechanischen Wiedergabe und der Speicherung in elektronischen Medien. Jede Verwendung in anderen als den gesetzlich zugelassenen Fällen bedarf der schriftlichen Einwilligung des Goethe-Verlags:

Goethe-Verlag GmbH
Postfach 152008
80051 München
Germany

Fax +49-89-74790012
www.book2.de
www.goethe-verlag.com

Table of contents

People	4	At the airport	38	*to need – to want to*	72
Family Members	5	Public transportation	39	to like something	73
Getting to know others	6	En route	40	to want something	74
At school	7	In the taxi	41	to have to do something / must	75
Countries and Languages	8	Car breakdown	42	to be allowed to	76
Reading and writing	9	Asking for directions	43	Asking for something	77
Numbers	10	Where is … ?	44	Giving reasons 1	78
The time	11	City tour	45	Giving reasons 2	79
Days of the week	12	At the zoo	46	Giving reasons 3	80
Yesterday – today – tomorrow	13	Going out in the evening	47	Adjectives 1	81
Months	14	At the cinema	48	Adjectives 2	82
Beverages	15	In the discotheque	49	Adjectives 3	83
Activities	16	Preparing a trip	50	Past tense 1	84
Colors	17	Vacation activities	51	Past tense 2	85
Fruits and food	18	Sports	52	Past tense 3	86
Seasons and Weather	19	In the swimming pool	53	Past tense 4	87
Around the house	20	Running errands	54	Questions – Past tense 1	88
House cleaning	21	In the department store	55	Questions – Past tense 2	89
In the kitchen	22	Shops	56	Past tense of modal verbs 1	90
Small Talk 1	23	Shopping	57	Past tense of modal verbs 2	91
Small Talk 2	24	Working	58	Imperative 1	92
Small Talk 3	25	Feelings	59	Imperative 2	93
Learning foreign languages	26	At the doctor	60	Subordinate clauses: *that* 1	94
Appointment	27	Parts of the body	61	Subordinate clauses: *that* 2	95
In the city	28	At the post office	62	Subordinate clauses: *if*	96
In nature	29	At the bank	63	Conjunctions 1	97
In the hotel – Arrival	30	Ordinal numbers	64	Conjunctions 2	98
In the hotel – Complaints	31	Asking questions 1	65	Conjunctions 3	99
At the restaurant 1	32	Asking questions 2	66	Conjunctions 4	100
At the restaurant 2	33	Negation 1	67	Double connectors	101
At the restaurant 3	34	Negation 2	68	Genitive	102
At the restaurant 4	35	Possessive pronouns 1	69	Adverbs	103
At the train station	36	Possessive pronouns 2	70		
On the train	37	*big – small*	71		

1 [one]

People

I	Ja	ja
I and you	Ja i ti	ja и ти
both of us	nas dvoje	нас двоје

he	On	он
he and she	On i Ona	он и она
they both	njih dvoje	њих двоје

the man	Muskarc	мушкарац
the woman	Zena	жена
the child	dete	дете

a family	Jedna Porodica	једна породица
my family	Moja Porodica	моја породица
My family is here.	Moja Porodica je ovde.	Моја породица је овде.

I am here.	Ja sam ovde	Ja сам овде.
You are here.	Ti si ovde	Ти си овде.
He is here and she is here.	On je ovde i ona je ovde.	Он је овде и она је овде.

We are here.	Mi smo ovde	Ми смо овде.
You are here.	Vi ste ovde	Ви сте овде.
They are all here.	Oni su svi ovde	Они су сви овде.

1 [један]

Лица

2 [two]

Family Members

2 [два]

Породица

English	Serbian (written)	Serbian (Cyrillic)
the grandfather	deda	деда
the grandmother	baka	бака
he and she	on i ona	он и она
the father	otac	отац
the mother	majka	мајка
he and she	on i ona	он и она
the son	sin	син
the daughter	kcerka	кћерка
he and she	on i ona	он и она
the brother	brat	брат
the sister	sestra	сестра
he and she	on i ona	он и она
the uncle	ujak	ујак
the aunt	tetka	тетка
he and she	on i ona	он и она

We are a family. Mi smo porodica. — Ми смо породица.
The family is not small. Porodica nije mala. — Породица није мала.
The family is big. Porodica je velika. — Породица је велика.

3 [three]

Getting to know others

3 [три]

Упознати

English	Handwritten (Latin)	Serbian (Cyrillic)
Hi!	zdravo	Здраво!
Hello!	dobar dan	Добар дан!
How are you?	Kako ste?	Како сте?
Do you come from Europe?	Jeste li Vi iz Evrope	Јесте ли Ви из Европе?
Do you come from America?		Јесте ли Ви из Америке?
Do you come from Asia?		Јесте ли Ви из Азије?
In which hotel are you staying?	U kojem hotelu ste smešteni	У којем хотелу сте смештени?
How long have you been here for?	Koliko dugo ste već ovde	Колико дуго сте већ овде?
How long will you be staying?	Koliko dugo ostajete	Колико дуго остајете?
Do you like it here?	Dopada li Vam se ovde?	Допада ли Вам се овде?
Are you here on vacation?	Imate li ovde godišnji odmor?	Имате ли овде годишњи одмор?
Please do visit me sometime!	Posetite me jednom	Посетите ме једном!
Here is my address.	Ovo je moja adresa	Ово је моја адреса.
Shall we see each other tomorrow?	Hoćemo li se sutra videti	Хоћемо ли се сутра видети?
I am sorry, but I already have plans.	Zao mi je, imam već sutra nešto dogovoreno	Жао ми је, имам већ сутра нешто договорено.
Bye!	Ćao	Ћао!
Good bye!	doviđena	Довиђења!
See you soon!	do uskoro	До ускоро!

4 [four]

At school

4 [четири]

У школи

Where are we?
We are at school.
We are having class / a lesson.

Где смо ми?
Ми смо у школи.
Ми имамо наставу.

Those are the school children.
That is the teacher.
That is the class.

Ово су ученици.
Ово је учитељица.
Ово је разред.

What are we doing?
We are learning.
We are learning a language.

Шта радимо?
Ми учимо.
Ми учимо језик.

I learn English.
You learn Spanish.
He learns German.

Ја учим енглески.
Ти учиш шпански.
Он учи немачки.

We learn French.
You all learn Italian.
They learn Russian.

Ми учимо француски.
Ви учите италијански.
Они уче руски.

Learning languages is interesting.
We want to understand people.
We want to speak with people.

Учити језике је интересантно.
Ми желимо разумети људе.
Ми желимо разговарати са људима.

5 [five]

Countries and Languages

5 [пет]

Земље и језици

John is from London.	Џон је из Лондона.
London is in Great Britain.	Лондон је у Великој Британији.
He speaks English.	Он говори енглески.
Maria is from Madrid.	Марија је из Мадрида.
Madrid is in Spain.	Мадрид је у Шпанији.
She speaks Spanish.	Она говори шпански.
Peter and Martha are from Berlin.	Петер и Марта су из Берлина.
Berlin is in Germany.	Берлин је у Немачкој.
Do both of you speak German?	Говорите ли обадвоје немачки?
London is a capital city.	Лондон је главни град.
Madrid and Berlin are also capital cities.	Мадрид и Берлин су такође главни градови.
Capital cities are big and noisy.	Главни градови су велики и бучни.
France is in Europe.	Француска је у Европи.
Egypt is in Africa.	Египат је у Африци.
Japan is in Asia.	Јапан је у Азији.
Canada is in North America.	Канада је у Северној Америци.
Panama is in Central America.	Панама је у Средњој Америци.
Brazil is in South America.	Бразил је у Јужној Америци.

6 [six]

Reading and writing

6 [шест]

Читати и писати

I read.	Ја читам.
I read a letter.	Ја читам једно слово.
I read a word.	Ја читам једну реч.
I read a sentence.	Ја читам једну реченицу.
I read a letter.	Ја читам једно писмо.
I read a book.	Ја читам једну књигу.
I read.	Ја читам.
You read.	Ти читаш.
He reads.	Он чита.
I write.	Ја пишем.
I write a letter.	Ја пишем једно слово.
I write a word.	Ја пишем једну реч.
I write a sentence.	Ја пишем једну реченицу.
I write a letter.	Ја пишем једно писмо.
I write a book.	Ја пишем једну књигу.
I write.	Ја пишем.
You write.	Ти пишеш.
He writes.	Он пише.

7 [seven]

Numbers

I count:	Ja бројим:
one, two, three	један, два, три
I count to three.	Ja бројим до три.
I count further:	Ja бројим даље:
four, five, six,	четири, пет, шест,
seven, eight, nine	седам, осам, девет
I count.	Ja бројим.
You count.	Ти бројиш.
He counts.	Он броји.
One. The first.	Један. Први.
Two. The second.	Два. Други.
Three. The third.	Три. Трећи.
Four. The fourth.	Четири. Четврти.
Five. The fifth.	Пет. Пети.
Six. The sixth.	Шест. Шести.
Seven. The seventh.	Седам. Седми.
Eight. The eighth.	Осам. Осми.
Nine. The ninth.	Девет. Девети.

7 [седам]

Бројеви

8 [eight]

The time

8 [осам]

Сати

Excuse me!
What time is it, please?
Thank you very much.

Извините!
Молим Вас колико је сати?
Много хвала.

It is one o'clock.
It is two o'clock.
It is three o'clock.

Један је сат.
Два су сата.
Три су сата.

It is four o'clock.
It is five o'clock.
It is six o'clock.

Четири су сата.
Пет је сати.
Шест је сати.

It is seven o'clock.
It is eight o'clock.
It is nine o'clock.

Седам је сати.
Осам је сати.
Девет је сати.

It is ten o'clock.
It is eleven o'clock.
It is twelve o'clock.

Десет је сати.
Једанаест је сати.
Дванаест је сати.

A minute has sixty seconds.
An hour has sixty minutes.
A day has twenty-four hours.

Једна минута има шездесет секунди.
Један сат има шездесет минута.
Један дан има двадесет и четири сата.

9 [nine]

Days of the week

9 [девет]

Дани у седмици

Monday	Понедељак
Tuesday	Уторак
Wednesday	Среда
Thursday	Четвртак
Friday	Петак
Saturday	Субота
Sunday	Недеља
the week	Седмица
from Monday to Sunday	од понедељка до недеље
The first day is Monday.	Први дан је понедељак.
The second day is Tuesday.	Други дан је уторак.
The third day is Wednesday.	Трећи дан је среда.
The fourth day is Thursday.	Четврти дан је четвртак.
The fifth day is Friday.	Пети дан је петак.
The sixth day is Saturday.	Шести дан је субота.
The seventh day is Sunday.	Седми дан је недеља.
The week has seven days.	Седмица има седам дана.
We only work for five days.	Ми радимо само пет дана.

10 [ten] / 10 [десет]

Yesterday – today – tomorrow / Јуче – данас – сутра

English	Serbian
Yesterday was Saturday.	Јуче је била субота.
I was at the cinema yesterday.	Јуче сам био / била у биоскопу.
The film was interesting.	Филм је био интересантан.
Today is Sunday.	Данас је недеља.
I'm not working today.	Данас не радим.
I'm staying at home.	Остајем код куће.
Tomorrow is Monday.	Сутра је понедељак.
Tomorrow I will work again.	Сутра поново радим.
I work at an office.	Ја радим у бироу.
Who is that?	Ко је то?
That is Peter.	То је Петер.
Peter is a student.	Петер је студент.
Who is that?	Ко је то?
That is Martha.	То је Марта.
Martha is a secretary.	Марта је секретарица.
Peter and Martha are friends.	Петер и Марта су пријатељи.
Peter is Martha's friend.	Петер је Мартин пријатељ.
Martha is Peter's friend.	Марта је пријатељица од Петера.

11 [eleven]

Months

11 [једанаест]

Месеци

January	јануар
February	фебруар
March	март
April	април
May	мај
June	јуни

These are six months.
January, February, March,
April, May and June.

То је шест месеци.
Јануар, фебруар, март,
април, мај и јуни.

July	јули
August	август
September	септембар
October	октобар
November	новембар
December	децембар

These are also six months.
July, August, September,
October, November and December.

То је такође шест месеци.
Јули, август, септембар,
октобар, новембар и децембар.

12 [twelve]

Beverages

12 [дванаест]

Напитци

I drink tea.	Ја пијем чај.
I drink coffee.	Ја пијем кафу.
I drink mineral water.	Ја пијем минералну воду.
Do you drink tea with lemon?	Пијеш ли ти чај са лимуном?
Do you drink coffee with sugar?	Пијеш ли ти кафу са шећером?
Do you drink water with ice?	Пијеш ли ти воду са ледом?
There is a party here.	Овде је забава.
People are drinking champagne.	Људи пију шампањац.
People are drinking wine and beer.	Људи пију вино и пиво.
Do you drink alcohol?	Пијеш ли ти алкохол?
Do you drink whisky / whiskey *(am.)*?	Пијеш ли ти виски?
Do you drink Coke with rum?	Пијеш ли ти колу са румом?
I do not like champagne.	Ја не волим шампањац.
I do not like wine.	Ја не волим вино.
I do not like beer.	Ја не волим пиво.
The baby likes milk.	Беба воли млеко.
The child likes cocoa and apple juice.	Дете воли какао и сок од јабуке.
The woman likes orange and grapefruit juice.	Жена воли сок од поморанџе и сок од грејпфрута.

13 [thirteen]

Activities

13 [тринаест]

Делатности

What does Martha do?	Шта ради Марта?
She works at an office.	Она ради у бироу.
She works on the computer.	Она ради на компјутеру.
Where is Martha?	Где је Марта?
At the cinema.	У биоскопу.
She is watching a film.	Она гледа филм.
What does Peter do?	Шта ради Петер?
He studies at the university.	Он студира на универзитету.
He studies languages.	Он студира језике.
Where is Peter?	Где је Петер?
At the café.	У кафићу.
He is drinking coffee.	Он пије кафу.
Where do they like to go?	Где радо идете?
To a concert.	На концерт.
They like to listen to music.	Они радо слушају музику.
Where do they not like to go?	Где они не иду радо?
To the disco.	У диско.
They do not like to dance.	Они не плешу радо.

14 [fourteen]

Colors

14 [четрнаест]

Боје

Snow is white.	Снег је бео.
The sun is yellow.	Сунце је жуто.
The orange is orange.	Поморанџа је наранџаста.

The cherry is red.	Трешња је црвена.
The sky is blue.	Небо је плаво.
The grass is green.	Трава је зелена.

The earth is brown.	Земља је смеђа.
The cloud is grey / gray *(am.)*.	Облак је сив.
The tyres / tires *(am.)* are black.	Гуме су црне.

What colour / color *(am.)* is the snow? White.	Које боје је снег? Беле.
What colour / color *(am.)* is the sun? Yellow.	Које боје је сунце? Жуте.
What colour / color *(am.)* is the orange? Orange.	Које боје је поморанџа? Наранџасте.

What colour / color *(am.)* is the cherry? Red.	Које боје је трешња? Црвене.
What colour / color *(am.)* is the sky? Blue.	Које боје је небо? Плаве.
What colour / color *(am.)* is the grass? Green.	Које боје је трава? Зелене.

What colour / color *(am.)* is the earth? Brown.	Које боје је земља? Смеђе.
What colour / color *(am.)* is the cloud? Grey / Gray *(am.)*.	Које боје је облак? Сиве.
What colour / color *(am.)* are the tyres / tires *(am.)*? Black.	Које боје су гуме? Црне.

15 [fifteen]

Fruits and food

I have a strawberry.
I have a kiwi and a melon.
I have an orange and a grapefruit.

I have an apple and a mango.
I have a banana and a pineapple.
I am making a fruit salad.

I am eating toast.
I am eating toast with butter.
I am eating toast with butter and jam.

I am eating a sandwich.
I am eating a sandwich with margarine.
I am eating a sandwich with margarine and tomatoes.

We need bread and rice.
We need fish and steaks.
We need pizza and spaghetti.

What else do we need?
We need carrots and tomatoes for the soup.
Where is the supermarket?

15 [петнаест]

Воће и животне намирнице

Ја имам једну јагоду.
Ја имам један киви и једну лубеницу.
Ја имам једну поморанџу и један грејпфрут.

Ја имам једну јабуку и један манго.
Ја имам једну банану и један ананас.
Ја правим воћну салату.

Ја једем један тост.
Ја једем један тост са путером.
Ја једем један тост са путером и мармеладом.

Ја једем један сендвич.
Ја једем један сендвич са маргарином.
Ја једем један сендвич са маргарином и парадајзом.

Ми требамо хлеб и пиринач.
Ми требамо рибу и стекове.
Ми требамо пицу и шпагете.

Шта требамо још?
Ми требамо шаргарепу и парадајз за супу.
Где је супермаркет?

16 [sixteen]

Seasons and Weather

These are the seasons:
Spring, summer,
autumn / fall *(am.)* and winter.

The summer is warm.
The sun shines in summer.
We like to go for a walk in summer.

The winter is cold.
It snows or rains in winter.
We like to stay home in winter.

It is cold.
It is raining.
It is windy.

It is warm.
It is sunny.
It is pleasant.

What is the weather like today?
It is cold today.
It is warm today.

16 [шеснаест]

Годишња доба и време

Ово су годишња доба:
Пролеће, лето,
јесен и зима.

Лето је топло.
Лети сија сунце.
Лети радо идемо шетати.

Зима је хладна.
Зими пада снег или пада киша.
Зими радо остајемо код куће.

Хладно је.
Пада киша.
Ветровито је.

Топло је.
Сунчано је.
Ведро је.

Какво је време данас?
Данас је хладно.
Данас је топло.

17 [seventeen]

Around the house

17 [седамнаест]

У кући

Our house is here.	Овде је наша кућа.
The roof is on top.	Горе је кров.
The basement is below.	Доле је подрум.
There is a garden behind the house.	Иза куће је врт.
There is no street in front of the house.	Пред кућом нема улице.
There are trees next to the house.	Поред куће је дрвеће.
My apartment is here.	Овде је мој стан.
The kitchen and bathroom are here.	Овде су кухиња и купатило.
The living room and bedroom are there.	Тамо је дневна соба и спаваћа соба.
The front door is closed.	Врата куће су затворена.
But the windows are open.	Али су прозори отворени.
It is hot today.	Данас је топло.
We are going to the living room.	Ми идемо у дневну собу.
There is a sofa and an armchair there.	Тамо су софа и фотеља.
Please, sit down!	Седите!
My computer is there.	Тамо стоји мој компјутер.
My stereo is there.	Тамо стоји моја музичка линија.
The TV set is brand new.	Телевизор је потпуно нов.

18 [eighteen]

House cleaning

18 [осамнаест]

Чишћење куће

Today is Saturday.	Данас је субота.
We have time today.	Данас имамо времена.
We are cleaning the apartment today.	Данас чистимо стан.
I am cleaning the bathroom.	Ја чистим купатило.
My husband is washing the car.	Мој муж пере ауто.
The children are cleaning the bicycles.	Деца перу бицикла.
Grandma is watering the flowers.	Бака залева цвеће.
The children are cleaning up the children's room.	Деца поспремају дечију собу.
My husband is tidying up his desk.	Мој муж поспрема свој писаћи сто.
I am putting the laundry in the washing machine.	Ја стављам веш у машину за прање веша.
I am hanging up the laundry.	Ја простирем веш.
I am ironing the clothes.	Ја пеглам веш.
The windows are dirty.	Прозори су прљави.
The floor is dirty.	Под је прљав.
The dishes are dirty.	Посуђе је прљаво.
Who washes the windows?	Ко чисти прозоре?
Who does the vacuuming?	Ко усисава прашину?
Who does the dishes?	Ко пере посуђе?

19 [nineteen]

In the kitchen

19 [деветнаест]

У кухињи

Do you have a new kitchen?	Имаш ли нову кухињу?
What do you want to cook today?	Шта ћеш данас кувати?
Do you cook on an electric or a gas stove?	Куваш ли на струју или на гас?
Shall I cut the onions?	Требам ли изрезати лук?
Shall I peel the potatoes?	Требам ли огулити кромпир?
Shall I rinse the lettuce?	Требам ли опрати салату?
Where are the glasses?	Где су чаше?
Where are the dishes?	Где је посуђе?
Where is the cutlery / silverware *(am.)*?	Где је прибор за јело?
Do you have a can opener?	Имаш ли отварач за конзерве?
Do you have a bottle opener?	Имаш ли отварач за флаше?
Do you have a corkscrew?	Имаш ли вадичеп?
Are you cooking the soup in this pot?	Куваш ли супу у овом лонцу?
Are you frying the fish in this pan?	Печеш ли рибу у овој тави?
Are you grilling the vegetables on this grill?	Роштиљаш ли поврће на овом роштиљу?
I am setting the table.	Ја постављам сто.
Here are the knives, the forks and the spoons.	Овде су ножеви, виљушке и кашике.
Here are the glasses, the plates and the napkins.	Овде су чаше, тањири и салвете.

20 [twenty]

Small Talk 1

20 [двадесет]

Ћаскање 1

Make yourself comfortable!	Раскомотите се!
Please, feel right at home!	Осећајте се као код куће!
What would you like to drink?	Шта желите пити?
Do you like music?	Волите ли музику?
I like classical music.	Ја волим класичну музику.
These are my CD's.	Овде су моји ЦД-ови.
Do you play a musical instrument?	Свирате ли инструмент?
This is my guitar.	Овде је моја гитара.
Do you like to sing?	Певате ли радо?
Do you have children?	Имате ли деце?
Do you have a dog?	Имате ли пса?
Do you have a cat?	Имате ли мачку?
These are my books.	Овде су моје књиге.
I am currently reading this book.	Управо читам ову књигу.
What do you like to read?	Шта радо читате?
Do you like to go to concerts?	Идете ли радо на концерт?
Do you like to go to the theatre / theater *(am.)*?	Идете ли радо у позориште?
Do you like to go to the opera?	Идете ли радо у оперу?

21 [twenty-one]

Small Talk 2

21 [двадесет и један]

Ћаскање 2

Where do you come from?	Одакле сте?
From Basel.	Из Базела.
Basel is in Switzerland.	Базел је у Швајцарској.
May I introduce Mr. Miller?	Могу ли Вам представити господина Милера?
He is a foreigner.	Он је странац.
He speaks several languages.	Он говори више језика.
Are you here for the first time?	Да ли сте први пут овде?
No, I was here once last year.	Не, ја сам већ био / била овде прошле године.
Only for a week, though.	Али само једну седмицу.
How do you like it here?	Како Вам се допада овде?
A lot. The people are nice.	Врло добро. Људи су драги.
And I like the scenery, too.	И околина ми се такође допада.
What is your profession?	Шта сте по занимању?
I am a translator.	Ја сам преводилац.
I translate books.	Ја преводим књиге.
Are you alone here?	Јесте ли сами овде?
No, my wife / my husband is also here.	Не, моја жена / мој муж је такође овде.
And those are my two children.	А тамо су моје двоје деце.

22 [twenty-two]

Small Talk 3

22 [двадесет и два]

Ћаскање 3

Do you smoke?	Пушите ли?
I used to.	Раније да.
But I don't smoke anymore.	Али сада више не пушим.
Does it disturb you if I smoke?	Смета ли Вам када ја пушим?
No, absolutely not.	Не, апсолутно не.
It doesn't disturb me.	Не смета ми.
Will you drink something?	Хоћете ли попити нешто?
A brandy?	Један коњак?
No, preferably a beer.	Не, радије једно пиво.
Do you travel a lot?	Путујете ли много?
Yes, mostly on business trips.	Да, већином су то пословна путовања.
But now we're on holiday.	Али сада смо овде на годишњем одмору.
It's so hot!	Каква врућина!
Yes, today it's really hot.	Да, данас је стварно вруће.
Let's go to the balcony.	Хајдемо на терасу.
There's a party here tomorrow.	Сутра ће овде бити једна забава.
Are you also coming?	Хоћете ли Ви такође доћи?
Yes, we've also been invited.	Да, ми смо такође позвани.

23 [twenty-three]

Learning foreign languages

23 [двадесет и три]

Учити стране језике

Where did you learn Spanish?	Где сте научили шпански?
Can you also speak Portuguese?	Знате ли такође португалски?
Yes, and I also speak some Italian.	Да, а такође знам и нешто италијански.
I think you speak very well.	Мислим да говорите веома добро.
The languages are quite similar.	Ти језици су веома слични.
I can understand them well.	Добро вас разумем.
But speaking and writing is difficult.	Али говорити и писати је тешко.
I still make many mistakes.	Још увек правим много грешака.
Please correct me each time.	Молим, коригујте ме увек.
Your pronunciation is very good.	Ваш изговор је сасвим добар.
You only have a slight accent.	Имате мали акценат.
One can tell where you come from.	Препознаје се, одакле долазите.
What is your mother tongue / native language *(am.)*?	Који је Ваш матерњи језик?
Are you taking a language course?	Идете ли на курс језика?
Which textbook are you using?	Који уџбеник користите?
I don't remember the name right now.	У овом моменту не знам како се зове.
The title is not coming to me.	Не могу се сетити наслова.
I've forgotten it.	Заборавио / Заборавила сам га.

24 [twenty-four]

Appointment

24 [двадесет и четири]

Састанак

Did you miss the bus?
I waited for you for half an hour.
Don't you have a mobile / cell phone *(am.)* with you?

Јеси ли закаснио / закаснила на аутобус?
Чекао / Чекала сам те пола сата.
Имаш ли мобилни телефон са собом?

Be punctual next time!
Take a taxi next time!
Take an umbrella with you next time!

Следећи пут буди тачан!
Следећи пут узми такси!
Следећи пут понеси кишобран!

I have the day off tomorrow.
Shall we meet tomorrow?
I'm sorry, I can't make it tomorrow.

Сутра имам слободно.
Хоћемо ли се сутра састати?
Жао ми је, сутра не могу.

Do you already have plans for this weekend?
Or do you already have an appointment?
I suggest that we meet on the weekend.

Имаш ли за овај викенд већ нешто планирано?
Или већ имаш договорен састанак?
Предлажем да се састанемо за викенд.

Shall we have a picnic?
Shall we go to the beach?
Shall we go to the mountains?

Хоћемо ли на пикник?
Хоћемо ли отићи до плаже?
Хоћемо ли ићи у планине?

I will pick you up at the office.
I will pick you up at home.
I will pick you up at the bus stop.

Доћи ћу по тебе у канцеларију.
Доћи ћу по тебе кући.
Доћи ћу по тебе на аутобуску станицу.

25 [twenty-five]

In the city

25 [двадесет и пет]

У граду

I would like to go to the station.	Желео / Желела бих до железничке станице.
I would like to go to the airport.	Желео / Желела бих до аеродрома.
I would like to go to the city centre / center *(am.)*.	Желео / Желела бих до центра града.
How do I get to the station?	Како ћу доћи до железничке станице?
How do I get to the airport?	Како ћу доћи до аеродрома?
How do I get to the city centre / center *(am.)*?	Како ћу доћи до центра града?
I need a taxi.	Требам такси.
I need a city map.	Требам план града.
I need a hotel.	Требам хотел.
I would like to rent a car.	Желео / Желела бих изнајмити ауто.
Here is my credit card.	Овде је моја кредитна картица.
Here is my licence / license *(am.)*.	Овде је моја возачка дозвола.
What is there to see in the city?	Шта се може видети у граду?
Go to the old city.	Идите у стари град.
Go on a city tour.	Направите кружну вожњу градом.
Go to the harbour / harbor *(am.)*.	Идите до луке.
Go on a harbour / harbor *(am.)* tour.	Направите обилазак луке.
Are there any other places of interest?	Које знаменитости постоје осим тога?

26 [twenty-six]

In nature

26 [двадесет и шест]

У природи

Do you see the tower there?	Видиш ли тамо кулу?
Do you see the mountain there?	Видиш ли тамо планину?
Do you see the village there?	Видиш ли тамо село?
Do you see the river there?	Видиш ли тамо реку?
Do you see the bridge there?	Видиш ли тамо мост?
Do you see the lake there?	Видиш ли тамо језеро?
I like that bird.	Она птица ми се свиђа.
I like that tree.	Оно дрво ми се свиђа.
I like this stone.	Онај камен ми се свиђа.
I like that park.	Онај парк ми се свиђа.
I like that garden.	Онај врт ми се свиђа.
I like this flower.	Овај цвет овде ми се свиђа.
I find that pretty.	Мислим да је лепо.
I find that interesting.	Мислим да је интересантно.
I find that gorgeous.	Мислим да је прелепо.
I find that ugly.	Мислим да је ружно.
I find that boring.	Мислим да је досадно.
I find that terrible.	Мислим да је грозно.

27 [twenty-seven]

In the hotel – Arrival

27 [двадесет и седам]

У хотелу – долазак

Do you have a vacant room?
I have booked a room.
My name is Miller.

Имате ли слободну собу?
Резервисао / Резервисала сам једну собу.
Моје име је Милер.

I need a single room.
I need a double room.
What does the room cost per night?

Требам једнокреветну собу.
Требам једну двокреветну собу.
Колико кошта једна соба за једну ноћ?

I would like a room with a bathroom.
I would like a room with a shower.
Can I see the room?

Желео / Желела бих једну собу са купатилом.
Желео / Желела бих једну собу са тушем.
Могу ли видети собу?

Is there a garage here?
Is there a safe here?
Is there a fax machine here?

Има ли овде гаража?
Има ли овде сеф?
Има ли овде факс?

Fine, I'll take the room.
Here are the keys.
Here is my luggage.

Добро, узећу собу.
Овде су кључеви.
Овде је мој пртљаг.

What time do you serve breakfast?
What time do you serve lunch?
What time do you serve dinner?

У колико сати је доручак?
У колико сати је ручак?
У колико сати је вечера?

28 [twenty-eight]

In the hotel – Complaints

28 [двадесет и осам]

У хотелу – жалбе

The shower isn't working.	Туш не ради.
There is no warm water.	Нема топле воде.
Can you get it repaired?	Можете ли то дати на поправку?
There is no telephone in the room.	Нема телефона у соби.
There is no TV in the room.	Нема телевизора у соби.
The room has no balcony.	Соба нема терасу.
The room is too noisy.	Соба је сувише бучна.
The room is too small.	Соба је премалена.
The room is too dark.	Соба је претамна.
The heater isn't working.	Грејање не ради.
The air-conditioning isn't working.	Клима уређај не ради.
The TV isn't working.	Телевизор је покварен.
I don't like that.	То ми се не свиђа.
That's too expensive.	То ми је прескупо.
Do you have anything cheaper?	Имате ли нешто јефтиније?
Is there a youth hostel nearby?	Има ли овде у близини омладински смештај?
Is there a boarding house / a bed and breakfast nearby?	Има ли овде у близини преноћиште?
Is there a restaurant nearby?	Има ли овде у близини ресторан?

29 [twenty-nine]

At the restaurant 1

Is this table taken?	Да ли је сто слободан?
I would like the menu, please.	Молим Вас, желим јеловник.
What would you recommend?	Шта можете препоручити?
I'd like a beer.	Радо бих пиво.
I'd like a mineral water.	Радо бих минералну воду.
I'd like an orange juice.	Радо бих сок од поморанџе.
I'd like a coffee.	Радо бих кафу.
I'd like a coffee with milk.	Радо бих кафу са млеком.
With sugar, please.	Са шећером, молим.
I'd like a tea.	Желео / Желела бих чај.
I'd like a tea with lemon.	Желео / Желела бих чај са лимуном.
I'd like a tea with milk.	Желео / Желела бих чај са млеком.
Do you have cigarettes?	Имате ли цигарете?
Do you have an ashtray?	Имате ли пепељару?
Do you have a light?	Имате ли упаљач?
I'm missing a fork.	Недостаје ми виљушка.
I'm missing a knife.	Недостаје ми нож.
I'm missing a spoon.	Недостаје ми кашика.

29 [двадесет и девет]

У ресторану 1

30 [thirty]

At the restaurant 2

30 [тридесет]

У ресторану 2

An apple juice, please.
A lemonade, please.
A tomato juice, please.

Један сок од јабуке, молим.
Једну лимунаду, молим.
Један сок од парадајза, молим.

I'd like a glass of red wine.
I'd like a glass of white wine.
I'd like a bottle of champagne.

Ја бих чашу црвеног вина.
Ја бих чашу белог вина.
Ја бих флашу шампањца.

Do you like fish?
Do you like beef?
Do you like pork?

Волиш ли рибу?
Волиш ли говедину?
Волиш ли свињетину?

I'd like something without meat.
I'd like some mixed vegetables.
I'd like something that won't take much time.

Желео / Желела бих нешто без меса.
Желео / Желела бих плату са поврћем.
Желео / Желела бих нешто што не траје дуго.

Would you like that with rice?
Would you like that with pasta?
Would you like that with potatoes?

Желите ли то са пиринчем?
Желите ли то са резанцима?
Желите ли то са кромпиром?

That doesn't taste good.
The food is cold.
I didn't order this.

То ми није укусно.
Јело је хладно.
То ја нисам наручио / наручила.

31 [thirty-one]

At the restaurant 3

31 [тридесет и један]

У ресторану 3

I would like a starter.	Желео / Желела бих једно предјело.
I would like a salad.	Желео / Желела бих једну салату.
I would like a soup.	Желео / Желела бих једну супу.

I would like a dessert.
I would like an ice cream with whipped cream.
I would like some fruit or cheese.

Желео / Желела бих један десерт.
Желео / Желела бих сладолед са шлагом.
Желео / Желела бих воће или сир.

We would like to have breakfast.
We would like to have lunch.
We would like to have dinner.

Ми желимо доручковати.
Ми желимо ручати.
Ми желимо вечерати.

What would you like for breakfast?
Rolls with jam and honey?
Toast with sausage and cheese?

Шта би сте желели за доручак?
Кајзерице са мармеладом и медом?
Тост са кобасицом и сиром?

A boiled egg?
A fried egg?
An omelette?

Кувано јаје?
Јаје на око?
Омлет?

Another yoghurt, please.
Some salt and pepper also, please.
Another glass of water, please.

Молим још један јогурт.
Молим још соли и бибера.
Молим још једну чашу воде.

32 [thirty-two]

At the restaurant 4

I'd like chips / French fries *(am.)* with ketchup.
And two with mayonnaise.
And three sausages with mustard.

What vegetables do you have?
Do you have beans?
Do you have cauliflower?

I like to eat (sweet) corn.
I like to eat cucumber.
I like to eat tomatoes.

Do you also like to eat leek?
Do you also like to eat sauerkraut?
Do you also like to eat lentils?

Do you also like to eat carrots?
Do you also like to eat broccoli?
Do you also like to eat peppers?

I don't like onions.
I don't like olives.
I don't like mushrooms.

32 [тридесет и два]

У ресторану 4

Један помфрит са кечапом.
И два са мајонезом.
И три пржене кобасице са сенфом.

Какво поврће имате?
Имате ли пасуља?
Имате ли карфиола?

Ја радо једем кукуруз.
Ја радо једем краставце.
Ја радо једем парадајз.

Једете ли и Ви радо празилук?
Једете ли Ви радо и кисели купус?
Једете ли Ви радо и лећа?

Једеш ли и ти радо шаргарепу?
Једеш ли и ти радо брокуле?
Једеш ли и ти радо паприку?

Ја не волим лук.
Ја не волим маслине.
Ја не волим печурке.

33 [thirty-three]

At the train station

33 [тридесет и три]

На железници

When is the next train to Berlin?	Када креће следећи воз за Берлин?
When is the next train to Paris?	Када креће следећи воз за Париз?
When is the next train to London?	Када креће следећи воз за Лондон?
When does the train for Warsaw leave?	У колико сати креће воз за Варшаву?
When does the train for Stockholm leave?	У колико сати креће воз за Штокхолм?
When does the train for Budapest leave?	У колико сати креће воз за Будимпешту?
I'd like a ticket to Madrid.	Желео / Желела бих возну карту за Мадрид.
I'd like a ticket to Prague.	Желео / Желела бих возну карту за Праг.
I'd like a ticket to Bern.	Желео / Желела бих возну карту за Берн.
When does the train arrive in Vienna?	Када стиже воз у Беч?
When does the train arrive in Moscow?	Када стиже воз у Москву?
When does the train arrive in Amsterdam?	Када стиже воз у Амстердам?
Do I have to change trains?	Морам ли преседати?
From which platform does the train leave?	Са којег колосека креће воз?
Does the train have sleepers?	Има ли спаваћих вагона у возу?
I'd like a one-way ticket to Brussels.	Желео / Желела бих само вожњу у једном правцу до Брисела.
I'd like a return ticket to Copenhagen.	Желео / Желела бих једну повратну карту до Копенхагена.
What does a berth in the sleeper cost?	Колико кошта једно место у спаваћем вагону?

34 [thirty-four]

On the train

34 [тридесет и четири]

У возу

Is that the train to Berlin?
When does the train leave?
When does the train arrive in Berlin?

Да ли је то воз за Берлин?
Када креће воз?
Када стиже воз у Берлин?

Excuse me, may I pass?
I think this is my seat.
I think you're sitting in my seat.

Извините, смем ли проћи?
Мислим да је то моје место.
Мислим да седите на мом месту.

Where is the sleeper?
The sleeper is at the end of the train.
And where is the dining car? – At the front.

Где је спаваћи вагон?
Спаваћи вагон је на крају воза.
А где је вагон за ручавање? – На почетку.

Can I sleep below?
Can I sleep in the middle?
Can I sleep at the top?

Могу ли спавати доле?
Могу ли спавати у средини?
Могу ли спавати горе?

When will we get to the border?
How long does the journey to Berlin take?
Is the train delayed?

Када стижемо на границу?
Колико траје вожња до Берлина?
Да ли ће воз каснити?

Do you have something to read?
Can one get something to eat and to drink here?
Could you please wake me up at 7 o'clock?

Имате ли нешто за читање?
Може ли се овде добити нешто за јело и пиће?
Молим Вас, можете ли ме пробудити у 7.00 часова?

35 [thirty-five]

At the airport

35 [тридесет и пет]

На аеродрому

I'd like to book a flight to Athens.
Is it a direct flight?
A window seat, non-smoking, please.

Желео / Желела бих резервисати лет за Атину.
Да ли је то директан лет?
Молим непушачко место, поред прозора.

I would like to confirm my reservation.
I would like to cancel my reservation.
I would like to change my reservation.

Желео / Желела бих потврдити своју резервацију.
Желео / Желела бих сторнирати своју резервацију.
Желео / Желела бих променити своју резервацију.

When is the next flight to Rome?
Are there two seats available?
No, we have only one seat available.

Када полеће следећи авион за Рим?
Имате ли слободна још два места?
Не, имамо само још једно место слободно.

When do we land?
When will we be there?
When does a bus go to the city centre / center *(am.)*?

Када слећемо?
Када смо тамо?
Када вози аутобус у центар града?

Is that your suitcase?
Is that your bag?
Is that your luggage?

Да ли је то Ваш кофер?
Да ли је то Ваша ташна?
Да ли је то Ваш пртљаг?

How much luggage can I take?
Twenty kilos.
What? Only twenty kilos?

Колико пртљага могу понети?
Двадесет кила.
Шта, само двадесет кила?

36 [thirty-six]

Public transportation

36 [тридесет и шест]

Јавни локални саобраћај

Where is the bus stop?	Где је аутобуска станица?
Which bus goes to the city centre / center *(am.)*?	Који аутобус вози у центар?
Which bus do I have to take?	Коју линију морам узети?

Do I have to change?	Морам ли преседати?
Where do I have to change?	Где морам преседати?
How much does a ticket cost?	Колико кошта возна карта?

How many stops are there before downtown / the city centre?	Колико станица има до центра?
You have to get off here.	Морате овде изаћи.
You have to get off at the back.	Морате изаћи назад.

The next train is in 5 minutes.	Следећи метро долази за 5 минута.
The next tram is in 10 minutes.	Следећи трамвај долази за 10 минута.
The next bus is in 15 minutes.	Следећи аутобус долази за 15 минута.

When is the last train?	Када креће последњи метро?
When is the last tram?	Када креће последњи трамвај?
When is the last bus?	Када креће последњи аутобус?

Do you have a ticket?	Имате ли возну карту?
A ticket? – No, I don't have one.	Возну карту? – Не, немам.
Then you have to pay a fine.	Онда морате платити казну.

37 [thirty-seven]

En route

37 [тридесет и седам]

На путу

He drives a motorbike.	Он се вози мотором.
He rides a bicycle.	Он се вози бициклом.
He walks.	Он иде пешке.
He goes by ship.	Он путује бродом.
He goes by boat.	Он се вози чамцем.
He swims.	Он плива.
Is it dangerous here?	Да ли је овде опасно?
Is it dangerous to hitchhike alone?	Да ли је опасно сам стопирати?
Is it dangerous to go for a walk at night?	Да ли је опасно шетати ноћу?
We got lost.	Погрешили смо пут.
We're on the wrong road.	На погрешном смо путу.
We must turn around.	Морамо се вратити.
Where can one park here?	Где се овде може паркирати?
Is there a parking lot here?	Има ли овде паркинг?
How long can one park here?	Колико дуго се овде може паркирати?
Do you ski?	Да ли скијате?
Do you take the ski lift to the top?	Возите ли се са скијашким лифтом до горе?
Can one rent skis here?	Могу ли се овде изнајмити скије?

38 [thirty-eight]

In the taxi

38 [тридесет и осам]

У таксију

Please call a taxi.	Молимо Вас позовите такси.
What does it cost to go to the station?	Колико кошта до железничке станице?
What does it cost to go to the airport?	Колико кошта до аеродрома?
Please go straight ahead.	Право, молим.
Please turn right here.	Овде десно, молим.
Please turn left at the corner.	Тамо на углу лево, молим.
I'm in a hurry.	Мени се жури.
I have time.	Ја имам времена.
Please drive slowly.	Молим Вас, возите спорије.
Please stop here.	Станите овде, молим.
Please wait a moment.	Сачекајте моменат, молим Вас.
I'll be back immediately.	Одмах се враћам.
Please give me a receipt.	Молим Вас, дајте ми рачун.
I have no change.	Немам ситног новца.
That is okay, please keep the change.	У реду је, остатак је за Вас.
Drive me to this address.	Одвезите ме до ове адресе.
Drive me to my hotel.	Одвезите ме до мог хотела.
Drive me to the beach.	Одвезите ме до плаже.

39 [thirty-nine]

Car breakdown

39 [тридесет и девет]

Квар на ауту

Where is the next gas station?
I have a flat tyre / tire *(am.)*.
Can you change the tyre / tire *(am.)*?

Где је следећа бензинска пумпа?
Гума ми се пробушила.
Можете ли заменити точак?

I need a few litres /liters *(am.)* of diesel.
I have no more petrol / gas *(am.)*.
Do you have a petrol can / jerry can / gas can *(am.)*?

Требам пар литара дизела.
Немам више бензина.
Имате ли резервни канистер?

Where can I make a call?
I need a towing service.
I'm looking for a garage.

Где могу телефонирати?
Требам шлеп службу.
Тражим радионицу.

An accident has occurred.
Where is the nearest telephone?
Do you have a mobile / cell phone *(am.)* with you?

Десила се незгода.
Где је најближи телефон?
Имате ли са собом мобилни телефон?

We need help.
Call a doctor!
Call the police!

Ми требамо помоћ.
Позовите доктора!
Позовите полицију!

Your papers, please.
Your licence / license *(am.)*, please.
Your registration, please.

Ваше документе, молим.
Вашу возачку дозволу, молим.
Вашу саобраћајну дозволу, молим.

40 [forty]

Asking for directions

40 [четрдесет]

Питати за пут

Excuse me!	Извините!
Can you help me?	Можете ли ми помоћи?
Is there a good restaurant around here?	Где овде има добар ресторан?
Take a left at the corner.	Идите лево иза угла.
Then go straight for a while.	Затим идите право један део пута.
Then go right for a hundred metres / meters (am.).	Затим идите стотину метара у десно.
You can also take the bus.	Такође можете узети аутобус.
You can also take the tram.	Такође можете узети трамвај.
You can also follow me with your car.	Такође можете једноставно возити за мном.
How do I get to the football / soccer (am.) stadium?	Како да дођем до фудбалског стадиона?
Cross the bridge!	Пређите мост!
Go through the tunnel!	Возите кроз тунел!
Drive until you reach the third traffic light.	Возите до трећег семафора.
Then turn into the first street on your right.	Скрените затим у прву улицу десно.
Then drive straight through the next intersection.	Затим, возите право преко следеће раскрснице.
Excuse me, how do I get to the airport?	Извините, како да дођем до аеродрома?
It is best if you take the underground / subway (am.).	Најбоље је да узмете метро.
Simply get out at the last stop.	Возите се једноставно до задње станице.

41 [forty-one]

Where is … ?

41 [четрдесет и један]

Оријентација

Where is the tourist information office?	Где је туристичка агенција?
Do you have a city map for me?	Имате ли карту града за мене?
Can one reserve a room here?	Може ли се овде резервисати хотелска соба?
Where is the old city?	Где је стари град?
Where is the cathedral?	Где је катедрала?
Where is the museum?	Где је музеј?
Where can one buy stamps?	Где се могу купити поштанске маркице?
Where can one buy flowers?	Где се може купити цвеће?
Where can one buy tickets?	Где се могу купити возне карте?
Where is the harbour / harbor *(am.)*?	Где је лука?
Where is the market?	Где је пијаца?
Where is the castle?	Где је замак?
When does the tour begin?	Када почиње (туристички) обилазак?
When does the tour end?	Када се завршава (туристичка) тура?
How long is the tour?	Колико траје (туристичка) тура?
I would like a guide who speaks German.	Ја желим водича који говори немачки.
I would like a guide who speaks Italian.	Ја желим водича који говори италијански.
I would like a guide who speaks French.	Ја желим водича који говори француски.

42 [forty-two]

City tour

42 [четрдесет и два]

Разгледање града

Is the market open on Sundays?	Да ли је пијаца отворена недељом?
Is the fair open on Mondays?	Да ли је сајам отворен понедељком?
Is the exhibition open on Tuesdays?	Да ли је изложба отворена уторком?
Is the zoo open on Wednesdays?	Да ли је золошки врт отворен средом?
Is the museum open on Thursdays?	Да ли је музеј отворен четвртком?
Is the gallery open on Fridays?	Да ли је галерија отворена петком?
Can one take photographs?	Да ли се сме сликати?
Does one have to pay an entrance fee?	Мора ли се платити улаз?
How much is the entrance fee?	Колико кошта улаз?
Is there a discount for groups?	Има ли попуст за групе?
Is there a discount for children?	Има ли попуст за децу?
Is there a discount for students?	Има ли попуст за студенте?
What building is that?	Каква је ово зграда?
How old is the building?	Колико је стара ова зграда?
Who built the building?	Ко је изградио ову зграду?
I'm interested in architecture.	Ја се интересујем за архитектуру.
I'm interested in art.	Ја се интересујем за уметност.
I'm interested in paintings.	Ја се интересујем за сликарство.

43 [forty-three]

At the zoo

43 [четрдесет и три]

У золошком врту

The zoo is there.	Тамо је золошки врт.
The giraffes are there.	Тамо су жирафе.
Where are the bears?	Где су медведи?
Where are the elephants?	Где су слонови?
Where are the snakes?	Где су змије?
Where are the lions?	Где су лавови?
I have a camera.	Ја имам фото-апарат.
I also have a video camera.	Ја имам камеру.
Where can I find a battery?	Где је батерија?
Where are the penguins?	Где су пингвини?
Where are the kangaroos?	Где су кенгури?
Where are the rhinos?	Где су носорози?
Where is the toilet / restroom (am.)?	Где је тоалет?
There is a café over there.	Тамо је један кафић.
There is a restaurant over there.	Тамо је један ресторан.
Where are the camels?	Где су камиле?
Where are the gorillas and the zebras?	Где су гориле и зебре?
Where are the tigers and the crocodiles?	Где су тигрови и крокодили?

44 [forty-four]

Going out in the evening

44 [четрдесет и четири]

Излазити навече

Is there a disco here?	Има ли овде дискотека?
Is there a nightclub here?	Има ли овде ноћни клуб?
Is there a pub here?	Има ли овде кафана?
What's playing at the theatre / theater *(am.)* this evening?	Шта има вечерас у позоришту?
What's playing at the cinema / movies *(am.)* this evening?	Шта има вечерас у биоскопу?
What's on TV this evening?	Шта има вечерас на телевизији?
Are tickets for the theatre / theater *(am.)* still available?	Има ли још карата за позориште?
Are tickets for the cinema / movies *(am.)* still available?	Има ли још карата за биоскоп?
Are tickets for the football / soccer *am.* game still available?	Има ли још карата за фудбалску утакмицу?
I want to sit in the back.	Ја желим седети скроз позади.
I want to sit somewhere in the middle.	Ја желим седети негде у средини.
I want to sit at the front.	Ја желим седети скроз напред.
Could you recommend something?	Можете ли ми нешто препоручити?
When does the show begin?	Када почиње представа?
Can you get me a ticket?	Можете ли ми набавити једну карту?
Is there a golf course nearby?	Је ли овде у близини игралиште за голф?
Is there a tennis court nearby?	Је ли овде у близини тениски терен?
Is there an indoor swimming pool nearby?	Је ли овде у близини затворени базен?

45 [forty-five]

At the cinema

45 [четрдесет и пет]

У биоскопу

We want to go to the cinema.	Ми желимо у биоскоп.
A good film is playing today.	Данас игра добар филм.
The film is brand new.	Филм је сасвим нов.
Where is the cash register?	Где је благајна?
Are seats still available?	Има ли још слободних места?
How much are the admission tickets?	Колико коштају улазнице?
When does the show begin?	Када почиње представа?
How long is the film?	Колико траје филм?
Can one reserve tickets?	Могу ли се карте резервисати?
I want to sit at the back.	Ја бих желео / желела седети позади.
I want to sit at the front.	Ја бих желео / желела седети напред.
I want to sit in the middle.	Ја бих желео / желела седети у средини.
The film was exciting.	Филм је био напет.
The film was not boring.	Филм није био досадан.
But the book on which the film was based was better.	Али књига је била боља од филма.
How was the music?	Каква је била музика?
How were the actors?	Какви су били глумци?
Were there English subtitles?	Да ли је било титловано на енглеском језику?

46 [forty-six]

In the discotheque

46 [четрдесет и шест]

У дискотеци

Is this seat taken?	Да ли је ово место слободно?
May I sit with you?	Могу ли сести до Вас?
Sure.	Радо.
How do you like the music?	Како Вам се свиђа музика?
A little too loud.	Мало је прегласна.
But the band plays very well.	Али бенд свира сасвим добро.
Do you come here often?	Јесте ли често овде?
No, this is the first time.	Не, ово је први пут.
I've never been here before.	Ја још никада нисам био / била овде.
Would you like to dance?	Плешете ли?
Maybe later.	Можда касније.
I can't dance very well.	Ја не знам тако добро плесати.
It's very easy.	То је сасвим једноставно.
I'll show you.	Ја ћу Вам показати.
No, maybe some other time.	Не, радије други пут.
Are you waiting for someone?	Чекате ли некога?
Yes, for my boyfriend.	Да, мог пријатеља.
There he is!	Ено га тамо долази!

47 [forty-seven]

Preparing a trip

47 [четрдесет и седам]

Припреме за пут

You have to pack our suitcase!	Мораш спаковати наш кофер!
Don't forget anything!	Не смеш ништа заборавити!
You need a big suitcase!	Треба ти велики кофер!
Don't forget your passport!	Не заборави пасош!
Don't forget your ticket!	Не заборави карту за лет!
Don't forget your traveller's cheques / traveler's checks (am.)!	Не заборави путне чекове!
Take some suntan lotion with you.	Понеси крему за сунчање.
Take the sun-glasses with you.	Понеси наочаре за сунце.
Take the sun hat with you.	Понеси шешир за сунце.
Do you want to take a road map?	Хоћеш ли понети ауто карту?
Do you want to take a travel guide?	Хоћеш ли понети водич за путовања?
Do you want to take an umbrella?	Хоћеш ли понети кишобран?
Remember to take pants, shirts and socks.	Мисли на панталоне, кошуље, чарапе.
Remember to take ties, belts and sports jackets.	Мисли на кравате, каишеве, сакое.
Remember to take pyjamas, nightgowns and t-shirts.	Мисли на пиџаме, спаваћице и мајице.
You need shoes, sandals and boots.	Требаш ципеле, сандале и чизме.
You need handkerchiefs, soap and a nail clipper.	Требаш марамице, сапун и маказе за нокте.
You need a comb, a toothbrush and toothpaste.	Требаш чешаљ, четкицу за зубе и пасту за зубе.

48 [forty-eight]

Vacation activities

48 [четрдесет и осам]

Активности на годишњем одмору

Is the beach clean?
Can one swim there?
Isn't it dangerous to swim there?

Је ли плажа чиста?
Може ли се тамо купати?
Није ли опасно тамо се купати?

Can one rent a sun umbrella / parasol here?
Can one rent a deck chair here?
Can one rent a boat here?

Може ли се овде изнајмити сунцобран?
Може ли се овде изнајмити лежаљка?
Може ли се овде изнајмити чамац?

I would like to surf.
I would like to dive.
I would like to water ski.

Ја бих радо сурфао / сурфала.
Ја бих радо ронио / ронила.
Ја бих радо скијао / скијала на води.

Can one rent a surfboard?
Can one rent diving equipment?
Can one rent water skis?

Може ли се изнајмити даска за сурфање?
Може ли се изнајмити опрема за роњење?
Могу ли се изнајмити водене скије?

I'm only a beginner.
I'm moderately good.
I'm pretty good at it.

Ја сам тек почетник.
Ја сам просечно добар / добра.
Ја сам већ упознат / упозната с тим.

Where is the ski lift?
Do you have skis?
Do you have ski boots?

Где је ски лифт?
Имаш ли ту скије?
Имаш ли обућу за скијање ту?

49 [forty-nine]

Sports

Do you exercise?
Yes, I need some exercise.
I am a member of a sports club.

We play football / soccer *(am.)*.
We swim sometimes.
Or we cycle.

There is a football / soccer *(am.)* stadium in our city.
There is also a swimming pool with a sauna.
And there is a golf course.

What is on TV?
There is a football / soccer *(am.)* match on now.
The German team is playing against the English one.

Who is winning?
I have no idea.
It is currently a tie.

The referee is from Belgium.
Now there is a penalty.
Goal! One – zero!

49 [четрдесет и девет]

Спорт

Бавиш ли се спортом?
Да, морам се кретати.
Идем у једно спортско удружење.

Ми играмо фудбал.
Понекад пливамо.
Или возимо бицикл.

У нашем граду постоји фудбалски стадион.
Постоји такође и базен са сауном.
И има терен за голф.

Шта има на телевизији?
Управо се приказује једна фудбалска утакмица.
Немачки тим игра против енглеског.

Ко ће победити?
Немам појма.
Тренутно је нерешено.

Судија је из Белгије.
Сада се изводи једанаестерац.
Го! Један према нула!

50 [fifty]

In the swimming pool

50 [педесет]

На базену

It is hot today.
Shall we go to the swimming pool?
Do you feel like swimming?

Данас је вруће.
Идемо ли на базен?
Јеси ли расположен / расположена за пливање?

Do you have a towel?
Do you have swimming trunks?
Do you have a bathing suit?

Имаш ли пешкир?
Имаш ли купаће гаће?
Имаш ли купаћи костим?

Can you swim?
Can you dive?
Can you jump in the water?

Знаш ли пливати?
Знаш ли ронити?
Знаш ли скакати у воду?

Where is the shower?
Where is the changing room?
Where are the swimming goggles?

Где је туш?
Где је кабина за пресвлачење?
Где су наочале за пливање?

Is the water deep?
Is the water clean?
Is the water warm?

Да ли је вода дубока?
Да ли је вода чиста?
Да ли је вода топла?

I am freezing.
The water is too cold.
I am getting out of the water now.

Ја се смрзавам.
Вода је сувише хладна.
Ја сада излазим из воде.

51 [fifty-one]

Running errands

I want to go to the library.	Ја хоћу да идем у библиотеку.
I want to go to the bookstore.	Ја хоћу да идем у књижару.
I want to go to the newspaper stand.	Ја хоћу да идем до трафике.

I want to borrow a book.	Ја хоћу да изнајмим књигу.
I want to buy a book.	Ја хоћу да купим књигу.
I want to buy a newspaper.	Ја хоћу да купим новине.

I want to go to the library to borrow a book.	Ја хоћу да идем у библиотеку, да изнајмим књигу.
I want to go to the bookstore to buy a book.	Ја хоћу да идем у књижару, да купим књигу.
I want to go to the kiosk / newspaper stand to buy a newspaper.	Ја хоћу да идем до трафике, да купим новине.

I want to go to the optician.	Ја хоћу да идем до оптичара.
I want to go to the supermarket.	Ја хоћу да идем до супермаркета.
I want to go to the bakery.	Ја хоћу да идем до пекара.

I want to buy some glasses.	Ја хоћу да купим наочале.
I want to buy fruit and vegetables.	Ја хоћу да купим воће и поврће.
I want to buy rolls and bread.	Ја хоћу да купим кајзерице и хлеб.

I want to go to the optician to buy glasses.	Ја хоћу да идем до оптичара, да купим наочале.
I want to go to the supermarket to buy fruit and vegetables.	Ја хоћу да идем до супермаркета, да купим воће и поврће.
I want to go to the baker to buy rolls and bread.	Ја хоћу да идем до пекаре, да купим кајзерице и хлеб.

52 [fifty-two]

In the department store

52 [педесет и два]

У робној кући

Shall we go to the department store?
I have to go shopping.
I want to do a lot of shopping.

Where are the office supplies?
I need envelopes and stationery.
I need pens and markers.

Where is the furniture?
I need a cupboard and a chest of drawers.
I need a desk and a bookshelf.

Where are the toys?
I need a doll and a teddy bear.
I need a football and a chess board.

Where are the tools?
I need a hammer and a pair of pliers.
I need a drill and a screwdriver.

Where is the jewellery / jewelry (am.) department?
I need a chain and a bracelet.
I need a ring and earrings.

Хоћемо ли ићи у робну кућу?
Ја морам обавити куповину.
Хоћу пуно тога да купим.

Где су канцеларијски артикли?
Требам коверте и папир за писма.
Требам хемијске оловке и фломастере.

Где је намештај?
Требам један ормар и једну комоду.
Требам један писаћи сто и један регал.

Где су играчке?
Требам једну лутку и медведића.
Требам фудбалску лопту и шах.

Где је алат?
Требам чекић и клешта.
Требам бушилицу и одвијач.

Где је накит?
Требам огрлицу и наруквицу.
Требам прстен и наушнице.

53 [fifty-three]

Shops

53 [педесет и три]

Трговине

We're looking for a sports shop.
We're looking for a butcher shop.
We're looking for a pharmacy / drugstore *(am.)*.

Ми тражимо продавницу спортске опреме.
Ми тражимо месницу.
Ми тражимо апотеку.

We want to buy a football.
We want to buy salami.
We want to buy medicine.

Наиме, желимо купити једну фудбалску лопту.
Наиме, желимо купити саламу.
Наиме, желимо купити лекове.

We're looking for a sports shop to buy a football.
We're looking for a butcher shop to buy salami.
We're looking for a drugstore to buy medicine.

Ми тражимо продавницу спортске опреме, да би купили фудбалску лопту.
Ми тражимо месницу, да би купили саламу.
Ми тражимо апотеку, да би купили лекове.

I'm looking for a jeweller / jeweler *(am.)*.
I'm looking for a photo equipment store.
I'm looking for a confectionery.

Ја тражим златару.
Ја тражим фото радњу.
Ја тражим посластичарницу.

I actually plan to buy a ring.
I actually plan to buy a roll of film.
I actually plan to buy a cake.

Наиме, намеравам купити прстен.
Наиме, намеравам купити филм.
Наиме, намеравам купити торту.

I'm looking for a jeweler to buy a ring.
I'm looking for a photo shop to buy a roll of film.
I'm looking for a confectionery to buy a cake.

Ја тражим златару, да купим прстен.
Ја тражим фото радњу, да купим филм.
Ја тражим посластичарницу, да купим торту.

54 [fifty-four]

Shopping

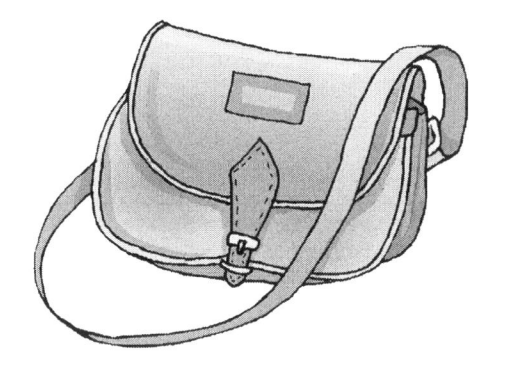

I want to buy a present.
But nothing too expensive.
Maybe a handbag?

Which color would you like?
Black, brown or white?
A large one or a small one?

May I see this one, please?
Is it made of leather?
Or is it made of plastic?

Of leather, of course.
This is very good quality.
And the bag is really very reasonable.

I like it.
I'll take it.
Can I exchange it if needed?

Of course.
We'll gift wrap it.
The cashier is over there.

54 [педесет и четири]

Куповина

Ја желим купити један поклон.
Али не нешто много скупо.
Имате ли можда ташну?

Коју боју желите?
Црна, смеђа или бела?
Велику или малу?

Могу ли видети ову?
Је ли од коже?
Или је од вештачког материјала?

Наравно, од коже.
То је нарочито добар квалитет.
А ташна ја заиста повољна.

Ова ми се допада.
Ову ћу узети.
Могу ли је евентуално заменити?

Подразумева се.
Запаковаћемо је као поклон.
Тамо преко је благајна.

55 [fifty-five]	55 [педесет и пет]
Working	Радити

What do you do for a living?	Шта сте по занимању?
My husband is a doctor.	Мој муж је по занимању доктор.
I work as a nurse part-time.	Ја радим пола радног времена као медицинска сестра.
We will soon receive our pension.	Ускоро ћемо добити пензију.
But taxes are high.	Али су порези високи.
And health insurance is expensive.	А и здравствено осигурање је високо.
What would you like to become some day?	Шта желиш постати?
I would like to become an engineer.	Ја желим постати инжењер.
I want to go to college.	Ја желим студирати на универзитету.
I am an intern.	Ја сам приправник.
I do not earn much.	Ја не зарађујем много.
I am doing an internship abroad.	Ја обављам праксу у иностранству.
That is my boss.	Ово је мој шеф.
I have nice colleagues.	Имам драге колеге.
We always go to the cafeteria at noon.	У подне увек идемо у кантину.
I am looking for a job.	Ја тражим радно место.
I have already been unemployed for a year.	Ја сам већ годину дана незапослен / незапослена.
There are too many unemployed people in this country.	У овој земљи има пуно незапослених.

56 [fifty-six]

Feelings

to feel like / want to
We feel like / want to.
We don't feel like / want to.

to be afraid
I'm afraid.
I am not afraid.

to have time
He has time.
He has no time.

to be bored
She is bored.
She is not bored.

to be hungry
Are you hungry?
Aren't you hungry?

to be thirsty
They are thirsty.
They are not thirsty.

56 [педесет и шест]

Осећаји

Бити расположен.
Расположени смо.
Нисмо расположени.

Плашити се.
Ја се плашим.
Ја се не плашим.

Имати времена
Он има времена.
Он нема времена.

Досађивати се
Она се досађује.
Она се не досађује.

Бити гладан
Јесте ли гладни?
Ви нисте гладни?

Бити жедан
Они су жедни.
Они нису жедни.

57 [fifty-seven]

At the doctor

57 [педесет и седам]

Код доктора

I have a doctor's appointment.
I have the appointment at ten o'clock.
What is your name?

Ја имам заказан термин код доктора.
Ја имам заказан термин у десет сати.
Како се зовете?

Please take a seat in the waiting room.
The doctor is on his way.
What insurance company do you belong to?

Молимо Вас, причекајте у чекаоници.
Доктор долази одмах.
Где сте осигурани?

What can I do for you?
Do you have any pain?
Where does it hurt?

Шта могу учинити за Вас?
Имате ли болове?
Где Вас боли?

I always have back pain.
I often have headaches.
I sometimes have stomach aches.

Ја имам болове у леђима.
Ја често имам главобољу.
Ја понекад имам болове у стомаку.

Remove your top!
Lie down on the examining table.
Your blood pressure is okay.

Молим Вас, ослободите горњи део тела!
Молим Вас, лезите на лежаљку!
Крвни притисак је у реду.

I will give you an injection.
I will give you some pills.
I am giving you a prescription for the pharmacy.

Ја ћу Вам дати ињекцију.
Ја ћу Вам дати таблете.
Ја ћу Вам дати рецепт за апотеку.

58 [fifty-eight]

Parts of the body

I am drawing a man.
First the head.
The man is wearing a hat.

One cannot see the hair.
One cannot see the ears either.
One cannot see his back either.

I am drawing the eyes and the mouth.
The man is dancing and laughing.
The man has a long nose.

He is carrying a cane in his hands.
He is also wearing a scarf around his neck.
It is winter and it is cold.

The arms are athletic.
The legs are also athletic.
The man is made of snow.

He is neither wearing pants nor a coat.
But the man is not freezing.
He is a snowman.

58 [педесет и осам]

Делови тела

Ја цртам једног мушкарца.
Прво главу.
Мушкарац носи шешир.

Коса се не види.
Уши се такође не виде.
Леђа се такође не виде.

Ја цртам очи и уста.
Мушкарац плеше и смеје се.
Мушкарац има дуг нос.

Он носи штап у рукама.
Он такође носи шал око врата.
Зима је и хладно је.

Руке су снажне.
Ноге су такође снажне.
Мушкарац је од снега.

Он не носи панталоне и мантил.
Али мушкарац се не смрзава.
Он је Снешко Белић.

59 [fifty-nine]

At the post office

59 [педесет и девет]

У пошти

Where is the nearest post office?	Где је најближа пошта?
Is the post office far from here?	Је ли далеко најближа пошта?
Where is the nearest mail box?	Где је најближе поштанско сандуче?
I need a couple of stamps.	Требам један пар поштанских маркица.
For a card and a letter.	За једну разгледницу и једно писмо.
How much is the postage to America?	Колика је поштарина за Америку?
How heavy is the package?	Колико је тежак пакет?
Can I send it by air mail?	Могу ли га послати ваздушном поштом?
How long will it take to get there?	За колико времена стиже?
Where can I make a call?	Где могу телефонирати?
Where is the nearest telephone booth?	Где је најближа телефонска говорница?
Do you have calling cards?	Имате ли телефонске картице?
Do you have a telephone directory?	Имате ли телефонски именик?
Do you know the area code for Austria?	Знате ли позивни број за Аустрију?
One moment, I'll look it up.	Моменат, погледаћу.
The line is always busy.	Линија је увек заузета.
Which number did you dial?	Који сте број бирали?
You have to dial a zero first!	Морате прво бирати нулу!

60 [sixty]

At the bank

I would like to open an account.	Ја желим отворити рачун.
Here is my passport.	Ово је мој пасош.
And here is my address.	А ово је моја адреса.
I want to deposit money in my account.	Ја желим уплатити новац на мој рачун.
I want to withdraw money from my account.	Ја желим подигнути новац са свог рачуна.
I want to pick up the bank statements.	Ја желим узети изводе са свог рачуна.
I want to cash a traveller's cheque / traveler's check *(am.)*.	Ја желим уновчити путнички чек.
What are the fees?	Колики су трошкови?
Where should I sign?	Где морам потписати?
I'm expecting a transfer from Germany.	Ја очекујем дознаку из Немачке.
Here is my account number.	Ово је мој број рачуна.
Has the money arrived?	Да ли је новац стигао?
I want to change money.	Ја желим заменити тај новац.
I need US-Dollars.	Ја требам америчке доларе.
Could you please give me small notes / bills *(am.)*?	Молим Вас, дајте ми ситне новчанице.
Is there a cashpoint / an ATM *(am.)*?	Има ли овде банкомат?
How much money can one withdraw?	Колико новца се може подигнути?
Which credit cards can one use?	Које кредитне картице се могу користити?

60 [шездесет]

У банци

61 [sixty-one]

Ordinal numbers

61 [шездесет и један]

Редни бројеви

The first month is January.
The second month is February.
The third month is March.

The fourth month is April.
The fifth month is May.
The sixth month is June.

Six months make half a year.
January, February, March,
April, May and June.

The seventh month is July.
The eighth month is August.
The ninth month is September.

The tenth month is October.
The eleventh month is November.
The twelfth month is December.

Twelve months make a year.
July, August, September,
October, November and December.

Први месец је јануар.
Други месец је фебруар.
Трећи месец је март.

Четврти месец је април.
Пети месец је мај.
Шести месец је јуни.

Шест месеци је пола године.
Јануар, фебруар, март,
април, мај и јуни.

Седми месец је јули.
Осми месец је август.
Девети месец је септембар.

Десети месец је октобар.
Једанаести месец је новембар.
Дванаести месец је децембар.

Дванаест месеци је једна година.
Јули, август, септембар,
октобар, новембар и децембар.

62 [sixty-two]

Asking questions 1

to learn
Do the students learn a lot?
No, they learn a little.

to ask
Do you often ask the teacher questions?
No, I don't ask him questions often.

to reply
Please reply.
I reply.

to work
Is he working right now?
Yes, he is working right now.

to come
Are you coming?
Yes, we are coming soon.

to live
Do you live in Berlin?
Yes, I live in Berlin.

62 [шездесет и два]

Постављати питања 1

учити
Уче ли ученици много?
Не, они уче мало.

питати
Питате ли често учитеља?
Не, не питам га често.

одговорити
Одговорите, молим.
Ја одговарам.

радити
Ради ли он управо?
Да, управо ради.

долазити
Долазите ли Ви?
Да, долазимо брзо.

становати
Станујете ли у Берлину?
Да, ја станујем у Берлину.

63 [sixty-three]

Asking questions 2

I have a hobby.	Ја имам хоби.
I play tennis.	Ја играм тенис.
Where is the tennis court?	Где је тениски терен?
Do you have a hobby?	Имаш ли ти хоби?
I play football / soccer *(am.)*.	Ја играм фудбал.
Where is the football / soccer *(am.)* field?	Где је фудбалски терен?
My arm hurts.	Боли ме рука.
My foot and hand also hurt.	Нога и рука ме такође боле.
Is there a doctor?	Где се налази доктор?
I have a car/automobile.	Ја имам ауто.
I also have a motorcycle.	Ја имам мотор.
Where could I park?	Где је паркинг?
I have a sweater.	Ја имам џемпер.
I also have a jacket and a pair of jeans.	Ја имам такође јакну и џинс панталоне.
Where is the washing machine?	Где је веш машина?
I have a plate.	Ја имам тањир.
I have a knife, a fork and a spoon.	Ја имам нож, виљушку и кашику.
Where is the salt and pepper?	Где су со и бибер?

63 [шездесет и три]

Постављати питања 2

64 [sixty-four]

Negation 1

64 [шездесет и четири]

Негација 1

I don't understand the word.
I don't understand the sentence.
I don't understand the meaning.

Ја не разумем реч.
Ја не разумем реченицу.
Ја не разумем значење.

the teacher
Do you understand the teacher?
Yes, I understand him well.

учитељ
Разумете ли учитеља?
Да, добро га разумем.

the teacher
Do you understand the teacher?
Yes, I understand her well.

учитељица
Разумете ли учитељицу?
Да, добро је разумем.

the people
Do you understand the people?
No, I don't understand them so well.

људи
Разумете ли људе?
Не, не разумем их тако добро.

the girlfriend
Do you have a girlfriend?
Yes, I do.

пријатљица
Имате ли пријатељицу?
Да, имам.

the daughter
Do you have a daughter?
No, I don't.

ћерка
Имате ли ћерку?
Не, немам ћерку.

65 [sixty-five]

Negation 2

Is the ring expensive?	Да ли је прстен скуп?
No, it costs only one hundred Euros.	Не, он кошта само стотину евра.
But I have only fifty.	Али ја имам само педесет.
Are you finished?	Јеси ли већ готов / готова?
No, not yet.	Не, још не.
But I'll be finished soon.	Али сам ускоро готов / готова.
Do you want some more soup?	Желиш ли још супе?
No, I don't want anymore.	Не, не желим више.
But another ice cream.	Али још један сладолед.
Have you lived here long?	Станујеш ли већ дуго овде?
No, only for a month.	Не, тек један месец.
But I already know a lot of people.	Али већ познајем много људи.
Are you driving home tomorrow?	Возиш ли се сутра кући?
No, only on the weekend.	Не, тек за викенд.
But I will be back on Sunday.	Али се враћам већ у недељу.
Is your daughter an adult?	Да ли је твоја ћерка већ одрасла?
No, she is only seventeen.	Не, она има тек седамнаест година.
But she already has a boyfriend.	Али она већ има момка.

65 [шездесет и пет]

Негација 2

66 [sixty-six]

Possessive pronouns 1

66 [шездесет и шест]

Присвојне заменице 1

I – my
I can't find my key.
I can't find my ticket.

ја – моје
Ја не могу наћи мој кључ.
Ја не могу наћи моју возну карту.

you – your
Have you found your key?
Have you found your ticket?

ти – твоје
Јеси ли нашао свој кључ?
Јеси ли нашао своју возну карту?

he – his
Do you know where his key is?
Do you know where his ticket is?

он – његово
Знаш ли где је његов кључ?
Знаш ли где је његова возна карта?

she – her
Her money is gone.
And her credit card is also gone.

она – њено
Њен новац је нестао.
Њена кредитна картица је такође нестала.

we – our
Our grandfather is ill.
Our grandmother is healthy.

ми – наше
Наш деда је болестан.
Наша бака је болесна.

you – your
Children, where is your father?
Children, where is your mother?

ви – ваше
Децо, где је ваш тата?
Децо, где је ваша мама?

67 [sixty-seven]

Possessive pronouns 2

67 [шездесет и седам]

Присвојне заменице 2

the glasses
He has forgotten his glasses.
Where has he left his glasses?

наочале
Он је заборавио своје наочале.
Где је оставио онда своје наочале?

the clock
His clock isn't working.
The clock hangs on the wall.

сат
Његов сат је покварен.
Сат виси на зиду.

the passport
He has lost his passport.
Where is his passport then?

пасош
Он је изгубио свој пасош.
Где је оставио свој пасош?

they – their
The children cannot find their parents.
Here come their parents!

они – њихово
Деца не могу наћи своје родитеље.
Али ето долазе њихови родитељи!

you – your
How was your trip, Mr. Miller?
Where is your wife, Mr. Miller?

Ви – Ваше
Какво је било Ваше путовање, господине Милер?
Где је Ваша жена, господине Милер?

you – your
How was your trip, Mrs. Smith?
Where is your husband, Mrs. Smith?

Ви – Ваше
Какво је било Ваше путовање, госпођо Шмидт?
Где је Ваш муж, госпођо Шмидт?

68 [sixty-eight]

big – small

68 [шездесет и осам]

велико – мало

big and small	велико и мало
The elephant is big.	Слон је велики.
The mouse is small.	Миш је мали.

dark and bright	тамно и светло
The night is dark.	Ноћ је тамна.
The day is bright.	Дан је светао.

old and young	старо и младо.
Our grandfather is very old.	Наш деда је јако стар.
70 years ago he was still young.	Пре 70 година био је млад.

beautiful and ugly	лепо и ружно
The butterfly is beautiful.	Лептир је леп.
The spider is ugly.	Паук је ружан.

fat and thin	дебело и мршаво
A woman who weighs a hundred kilos is fat.	Жена од 100 кила је дебела.
A man who weighs fifty kilos is thin.	Мушкарац од 50 кила је мршав.

expensive and cheap	скупо и јефтино
The car is expensive.	Ауто је скупо.
The newspaper is cheap.	Новине су јефтине.

69 [sixty-nine]

to need – to want to

69 [шездесет и девет]

требати – хтети

I need a bed.	Ја требам кревет.
I want to sleep.	Ја желим спавати.
Is there a bed here?	Има ли овде кревет?
I need a lamp.	Ја требам лампу.
I want to read.	Ја хоћу читати.
Is there a lamp here?	Има ли овде лампа?
I need a telephone.	Ја требам телефон.
I want to make a call.	Ја желим телефонирати.
Is there a telephone here?	Има ли овде телефон?
I need a camera.	Ја требам камеру.
I want to take photographs.	Ја желим фотографисати.
Is there a camera here?	Има ли овде камера?
I need a computer.	Ја требам компјутер.
I want to send an email.	Ја хоћу да пошаљем е-маил.
Is there a computer here?	Има ли овде компјутер?
I need a pen.	Ја требам хемијску оловку.
I want to write something.	Ја хоћу да пишем нешто.
Is there a sheet of paper and a pen here?	Има ли овде лист папира и хемијска оловка?

70 [seventy]

to like something

70 [седамдесет]

нешто желети

Would you like to smoke?	Желите ли пушити?
Would you like to dance?	Желите ли плесати?
Would you like to go for a walk?	Желите ли шетати?
I would like to smoke.	Ја желим пушити.
Would you like a cigarette?	Желиш ли цигарету?
He wants a light.	Он жели ватру.
I want to drink something.	Ја желим нешто пити.
I want to eat something.	Ја желим нешто јести.
I want to relax a little.	Ја се желим мало одморити.
I want to ask you something.	Ја Вас желим нешто питати.
I want to ask you for something.	Ја Вас желим за нешто замолити.
I want to treat you to something.	Ја Вас желим на нешто позвати.
What would you like?	Шта желите молим?
Would you like a coffee?	Желите ли кафу?
Or do you prefer a tea?	Или радије желите чај?
We want to drive home.	Ми се желимо возити кући.
Do you want a taxi?	Желите ли ви такси?
They want to make a call.	Они желе телефонирати.

71 [seventy-one]

to want something

71 [седамдесет и један]

нешто хтети

What do you want to do?	Шта хоћете ви?
Do you want to play football / soccer *(am.)*?	Хоћете ли ви играти фудбал?
Do you want to visit friends?	Хоћете ли ви посетити пријатеље?
to want	Хтети
I don't want to arrive late.	Ја нећу стићи касно.
I don't want to go there.	Ја нећу да идем тамо.
I want to go home.	Ја хоћу да идем кући.
I want to stay at home.	Ја хоћу да останем код куће.
I want to be alone.	Ја хоћу да будем сам / сама.
Do you want to stay here?	Хоћеш ли остати овде?
Do you want to eat here?	Хоћеш ли овде јести?
Do you want to sleep here?	Хоћеш ли овде спавати?
Do you want to leave tomorrow?	Хоћете ли сутра отпутовати?
Do you want to stay till tomorrow?	Хоћете ли остати до сутра?
Do you want to pay the bill only tomorrow?	Хоћете ли сутра платити рачун?
Do you want to go to the disco?	Хоћете ли у дискотеку?
Do you want to go to the cinema?	Хоћете ли у биоскоп?
Do you want to go to a café?	Хоћете ли у кафић?

72 [seventy-two]

to have to do something / must

72 [седамдесет и два]

нешто морати

must	Морати
I must post the letter.	Ја морам послати писмо.
I must pay the hotel.	Ја морам платити хотел.
You must get up early.	Ти мораш рано устати.
You must work a lot.	Ти мораш пуно радити.
You must be punctual.	Ти мораш бити тачан / тачна.
He must fuel / get petrol / get gas (am.).	Он мора напунити резервоар.
He must repair the car.	Он мора поправити ауто.
He must wash the car.	Он мора опрати ауто.
She must shop.	Она мора куповати.
She must clean the apartment.	Она мора чистити стан.
She must wash the clothes.	Она мора опрати веш.
We must go to school at once.	Ми морамо одмах ићи у школу.
We must go to work at once.	Ми морамо одмах ићи на посао.
We must go to the doctor at once.	Ми морамо одмах ићи лекару.
You must wait for the bus.	Ви морате чекати аутобус.
You must wait for the train.	Ви морате чекати воз.
You must wait for the taxi.	Ви морате чекати такси.

73 [seventy-three]

to be allowed to

73 [седамдесет и три]

нешто смети

Are you already allowed to drive?
Are you already allowed to drink alcohol?
Are you already allowed to travel abroad alone?

Смеш ли већ возити ауто?
Смеш ли већ пити алкохол?
Смеш ли већ сам ићи у иностранство?

may / to be allowed
May we smoke here?
Is smoking allowed here?

Смети
Смемо ли овде пушити?
Сме ли се овде пушити?

May one pay by credit card?
May one pay by cheque / check (am.)?
May one only pay in cash?

Сме ли се овде платити кредитном картицом?
Сме ли се овде платити чеком?
Сме ли се платити само готовином?

May I just make a call?
May I just ask something?
May I just say something?

Смем ли управо телефонирати?
Смем ли управо нешто упитати?
Смем ли управо сада нешто рећи?

He is not allowed to sleep in the park.
He is not allowed to sleep in the car.
He is not allowed to sleep at the train station.

Он не сме спавати у парку.
Он не сме спавати у ауту.
Он не сме спавати у железничкој станици.

May we take a seat?
May we have the menu?
May we pay separately?

Смемо ли заузети место?
Смемо ли добити јеловник?
Можемо ли платити одвојено?

74 [seventy-four]

Asking for something

Can you cut my hair?
Not too short, please.
A bit shorter, please.

Can you develop the pictures?
The pictures are on the CD.
The pictures are in the camera.

Can you fix the clock?
The glass is broken.
The battery is dead / empty.

Can you iron the shirt?
Can you clean the pants?
Can you fix the shoes?

Do you have a light?
Do you have a match or a lighter?
Do you have an ashtray?

Do you smoke cigars?
Do you smoke cigarettes?
Do you smoke a pipe?

74 [седамдесет и четири]

замолити за нешто

Можете ли ми ошишати косу?
Не прекратко, молим.
Мало краће, молим.

Можете ли развити слике?
Слике су на ЦД-у.
Слике су у камери.

Можете ли поправити сат?
Стакло је пукло.
Батерија је празна.

Можете ли испеглати кошуљу?
Можете ли очистити панталоне?
Можете ли поправити ципеле?

Можете ли ми дати упаљач?
Имате ли шибице или упаљач?
Имате ли пепељару?

Пушите ли цигаре?
Пушите ли цигарете?
Пушите ли на лулу?

75 [seventy-five]

Giving reasons 1

75 [седамдесет и пет]

нешто образложити 1

Why aren't you coming?
The weather is so bad.
I am not coming because the weather is so bad.

Зашто не долазите?
Време је тако лоше.
Ја не долазим, јер је време тако лоше.

Why isn't he coming?
He isn't invited.
He isn't coming because he isn't invited.

Зашто он не долази?
Он није позван.
Он не долази, јер није позван.

Why aren't you coming?
I have no time.
I am not coming because I have no time.

Зашто не долазиш?
Ја немам времена.
Ја не долазим, јер немам времена.

Why don't you stay?
I still have to work.
I am not staying because I still have to work.

Зашто не останеш?
Ја морам још радити.
Ја не остајем, јер морам још радити.

Why are you going already?
I am tired.
I'm going because I'm tired.

Зашто већ идете?
Ја сам уморан / уморна.
Ја идем, јер сам уморан / уморна.

Why are you going already?
It is already late.
I'm going because it is already late.

Зашто већ одлазите?
Већ је касно.
Одлазим, јер је већ касно.

76 [seventy-six]

Giving reasons 2

76 [седамдесет и шест]

нешто образложити 2

Why didn't you come?	Зашто ниси дошао / дошла?
I was ill.	Био / Била сам болестан / болесна.
I didn't come because I was ill.	Ја нисам дошао / дошла, јер сам био болестан / била болесна.
Why didn't she come?	Зашто она није дошла?
She was tired.	Она је била уморна.
She didn't come because she was tired.	Она није дошла, јер је била уморна.
Why didn't he come?	Зашто он није дошао?
He wasn't interested.	Он није био расположен.
He didn't come because he wasn't interested.	Он није дошао, јер није био расположен.
Why didn't you come?	Зашто ви нисте дошли?
Our car is damaged.	Наш ауто је покварен.
We didn't come because our car is damaged.	Ми нисмо дошли, јер је наш ауто покварен.
Why didn't the people come?	Зашто људи нису дошли?
They missed the train.	Пропустили су воз.
They didn't come because they missed the train.	Они нису дошли, јер су пропустили воз.
Why didn't you come?	Зашто ти ниси дошао / дошла?
I was not allowed to.	Ја нисам смео / смела.
I didn't come because I was not allowed to.	Ја нисам дошао / дошла, јер нисам смео / смела.

77 [seventy-seven]

Giving reasons 3

77 [седамдесет и седам]

нешто образложити 3

Why aren't you eating the cake?	Зашто не једете торту?
I must lose weight.	Ја морам смршати.
I'm not eating it because I must lose weight.	Ја је не једем, јер морам смршати.
Why aren't you drinking the beer?	Зашто не пијете пиво?
I have to drive.	Ја морам још возити.
I'm not drinking it because I have to drive.	Ја га не пијем, јер још морам возити.
Why aren't you drinking the coffee?	Зашто не пијеш кафу?
It is cold.	Хладна је.
I'm not drinking it because it is cold.	Ја је не пијем, јер је хладна.
Why aren't you drinking the tea?	Зашто не пијеш чај?
I have no sugar.	Немам шећера.
I'm not drinking it because I don't have any sugar.	Ја га не пијем, јер немам шећера.
Why aren't you eating the soup?	Зашто не једете супу?
I didn't order it.	Ја је нисам наручио / наручила.
I'm not eating it because I didn't order it.	Ја је не једем, јер је нисам наручио / наручила.
Why don't you eat the meat?	Зашто не једете месо?
I am a vegetarian.	Ја сам вегетеријанац.
I'm not eating it because I am a vegetarian.	Ја га не једем, јер сам вегетеријанац.

78 [seventy-eight]

Adjectives 1

78 [седамдесет и осам]

Придеви 1

an old lady	једна стара жена
a fat lady	једна дебела жена
a curious lady	једна радознала жена
a new car	једно ново ауто
a fast car	једно брзо ауто
a comfortable car	једно удобно ауто
a blue dress	једна плава хаљина
a red dress	једна црвена хаљина
a green dress	једна зелена хаљина
a black bag	једна црна торба
a brown bag	једна смеђа торба
a white bag	једна бела торба
nice people	драги људи
polite people	културни људи
interesting people	интересантни људи
loving children	драга деца
cheeky children	безобразна деца
well behaved children	добра деца

79 [seventy-nine]

Adjectives 2

79 [седамдесет и девет]

Придеви 2

I am wearing a blue dress.	Ја имам на себи плаву хаљину.
I am wearing a red dress.	Ја имам на себи црвену хаљину.
I am wearing a green dress.	Ја имам на себи зелену хаљину.
I'm buying a black bag.	Ја купујем црну торбу.
I'm buying a brown bag.	Ја купујем смеђу торбу.
I'm buying a white bag.	Ја купујем белу торбу.
I need a new car.	Ја требам ново ауто.
I need a fast car.	Ја требам брзо ауто.
I need a comfortable car.	Ја требам удобан ауто.
An old lady lives at the top.	Тамо горе станује једна стара жена.
A fat lady lives at the top.	Тамо горе станује једна дебела жена.
A curious lady lives below.	Тамо доле станује једна радознала жена.
Our guests were nice people.	Наши гости су били драги људи.
Our guests were polite people.	Наши гости су били културни људи.
Our guests were interesting people.	Наши гости су били интересантни људи.
I have lovely children.	Ја имам драгу децу.
But the neighbours have naughty children.	Али комшије имају безобразну децу.
Are your children well behaved?	Јесу ли Ваша деца добра?

80 [eighty]

Adjectives 3

She has a dog.
The dog is big.
She has a big dog.

She has a house.
The house is small.
She has a small house.

He is staying in a hotel.
The hotel is cheap.
He is staying in a cheap hotel.

He has a car.
The car is expensive.
He has an expensive car.

He reads a novel.
The novel is boring.
He is reading a boring novel.

She is watching a movie.
The movie is exciting.
She is watching an exciting movie.

80 [осамдесет]

Придеви 3

Она има пса.
Пас је велик.
Она има великог пса.

Она има кућу.
Кућа је мала.
Она има малу кућу.

Он станује у хотелу.
Хотел је јефтин.
Он станује у јефтином хотелу.

Он има ауто.
Ауто је скупо.
Он има скупо ауто.

Он чита роман.
Роман је досадан.
Он чита досадан роман.

Она гледа филм.
Филм је узбудљив.
Она гледа узбудљив филм.

81 [eighty-one]

Past tense 1

81 [осамдесет и један]

Прошлост 1

to write	Писати
He wrote a letter.	Он је написао писмо.
And she wrote a card.	А она је написала разгледницу.
to read	Читати
He read a magazine.	Он је читао илустровани часопис.
And she read a book.	А она је читала књигу.
to take	Узети
He took a cigarette.	Он је узео једну цигарету.
She took a piece of chocolate.	Она је узела комад чоколаде.
He was disloyal, but she was loyal.	Он је био неверан, али је она била верна.
He was lazy, but she was hard-working.	Он је био лењ, али је она била вредна.
He was poor, but she was rich.	Он је био сиромашан, али је она била богата.
He had no money, only debts.	Он није имао новца, већ дугове.
He had no luck, only bad luck.	Он није имао среће, већ пех.
He had no success, only failure.	Он није имао успех, већ неуспех.
He was not satisfied, but dissatisfied.	Он није био задовољан, већ незадовољан.
He was not happy, but sad.	Он није био срећан, већ несрећан.
He was not friendly, but unfriendly.	Он није био симпатичан, већ антипатичан.

82 [eighty-two]

Past tense 2

82 [осамдесет и два]

Прошлост 2

Did you have to call an ambulance?	Јеси ли морао / морала звати хитну помоћ?
Did you have to call the doctor?	Јеси ли морао / морала позвати доктора?
Did you have to call the police?	Јеси ли морао / морала звати полицију?
Do you have the telephone number? I had it just now.	Имате ли број телефона? Управо сам га имао / имала.
Do you have the address? I had it just now.	Имате ли адресу? Управо сам је имао / имала.
Do you have the city map? I had it just now.	Имате ли план града? Управо сам га имао / имала.
Did he come on time? He could not come on time.	Да ли је дошао на време? Он није могао доћи на време.
Did he find the way? He could not find the way.	Је ли пронашао пут? Он није могао пронаћи пут.
Did he understand you? He could not understand me.	Да ли те је он разумео? Он ме није могао разумети.
Why could you not come on time?	Зашто ниси могао / могла доћи на време?
Why could you not find the way?	Зашто ниси могао / могла пронаћи пут?
Why could you not understand him?	Зашто га ниси могао / могла разумети?
I could not come on time because there were no buses.	Ја нисам могао / могла доћи на време, јер није било аутобуса.
I could not find the way because I had no city map.	Ја нисам могао / могла пронаћи пут, јер нисам имао / имала план града.
I could not understand him because the music was so loud.	Ја га нисам могао / могла разумети, јер је музика била прегласна.
I had to take a taxi.	Ја сам морао / морала узети такси.
I had to buy a city map.	Ја сам морао / морала купити план града.
I had to switch off the radio.	Ја сам морао / морала искључити радио.

83 [eighty-three]

Past tense 3

83 [осамдесет и три]

Прошлост 3

to make a call	телефонирати
I made a call.	Ја сам телефонирао / телефонирала.
I was talking on the phone all the time.	Ја сам цело време телефонирао / телефонирала.
to ask	питати
I asked.	Ја сам питао / питала.
I always asked.	Ја сам увек питао / питала.
to narrate	испричати
I narrated.	Ја сам испричао / испричала.
I narrated the whole story.	Ја сам испричао / испричала целу причу.
to study	учити
I studied.	Ја сам учио / учила.
I studied the whole evening.	Ја сам учио / учила цело вече.
to work	радити
I worked.	Ја сам радио / радила.
I worked all day long.	Ја сам радио / радила цели дан.
to eat	јести
I ate.	Ја сам јео / јела.
I ate all the food.	Ја сам појео / појела сву храну.

84 [eighty-four]

Past tense 4

84 [осамдесет и четири]

Прошлост 4

to read	читати
I read.	Ја сам читао / читала.
I read the whole novel.	Ја сам прочитао / прочитала цео роман.
to understand	разумети
I understood.	Ја сам разумео / разумела.
I understood the whole text.	Ја сам разумео / разумела цео текст.
to answer	одговорити
I answered.	Ја сам одговорио / одговорила.
I answered all the questions.	Ја сам одговорио / одговорила на сва питања.
I know that – I knew that.	Ја то знам – ја сам то знао / знала.
I write that – I wrote that.	Ја пишем то – ја сам то написао / написала.
I hear that – I heard that.	Ја чујем то – ја сам то чуо / чула.
I'll get it – I got it.	Ја узимам то – ја сам то узео / узела.
I'll bring that – I brought that.	Ја доносим то – ја сам то донео / донела.
I'll buy that – I bought that.	Ја купујем то – ја сам то купио / купила.
I expect that – I expected that.	Ја очекујем то – ја сам то очекивао / очекивала.
I'll explain that – I explained that.	Ја објашњавам то – ја сам то објаснио / објаснила.
I know that – I knew that.	Ја познајем то – ја сам то познавао / познавала.

85 [eighty-five]

Questions – Past tense 1

85 [осамдесет и пет]

Питати – прошлост 1

How much did you drink?	Колико сте попили?
How much did you work?	Колико сте радили?
How much did you write?	Колико сте писали?
How did you sleep?	Колико сте спавали?
How did you pass the exam?	Како сте положили испит?
How did you find the way?	Како сте пронашли пут?
Who did you speak to?	Са киме сте разговарали?
With whom did you make an appointment?	Са киме сте договорили састанак?
With whom did you celebrate your birthday?	Са киме сте славили рођендан?
Where were you?	Где сте били?
Where did you live?	Где сте становали?
Where did you work?	Где сте радили?
What did you suggest?	Шта сте препоручили?
What did you eat?	Шта сте јели?
What did you experience?	Шта сте сазнали?
How fast did you drive?	Колико сте брзо возили?
How long did you fly?	Колико сте дуго летели?
How high did you jump?	Колико сте високо скочили?

86 [eighty-six]

Questions – Past tense 2

86 [осамдесет и шест]

Питати – прошлост 2

Which tie did you wear?
Which car did you buy?
Which newspaper did you subscribe to?

Коју краватy си носио / носила?
Који ауто си купио / купила?
На које новине си претплаћен / претплаћена?

Who did you see?
Who did you meet?
Who did you recognize?

Кога сте видели?
Кога сте срели?
Кога сте препознали?

When did you get up?
When did you start?
When did you finish?

Када сте устали?
Када сте почели?
Када сте престали?

Why did you wake up?
Why did you become a teacher?
Why did you take a taxi?

Зашто сте се пробудили?
Зашто сте постали учитељ?
Зашто сте узели такси?

Where did you come from?
Where did you go?
Where were you?

Одакле сте дошли?
Где сте ишли?
Где сте били?

Who did you help?
Who did you write to?
Who did you reply to?

Коме си помогао / помогла?
Коме си писао / писала?
Коме си одговорио / одговорила?

87 [eighty-seven]

Past tense of modal verbs 1

87 [осамдесет и седам]

Прошлост модалних глагола 1

We had to water the flowers.	Ми морасмо залити цвеће.
We had to clean the apartment.	Ми морасмо поспремити стан.
We had to wash the dishes.	Ми морасмо опрати посуђе.
Did you have to pay the bill?	Морасте ли ви платити рачун?
Did you have to pay an entrance fee?	Морасте ли ви платити улаз?
Did you have to pay a fine?	Морасте ли ви платити казну?
Who had to say goodbye?	Ко се мораше опростити?
Who had to go home early?	Ко мораше ићи раније кући?
Who had to take the train?	Ко мораше узети воз?
We did not want to stay long.	Ми не хтедосмо остати дуго.
We did not want to drink anything.	Ми не хтедосмо ништа пити.
We did not want to disturb you.	Ми не хтедосмо сметати.
I just wanted to make a call.	Ја хтедох управо телефонирати.
I just wanted to call a taxi.	Ја хтедох управо позвати такси.
Actually I wanted to drive home.	Ја хтедох наиме ићи кући.
I thought you wanted to call your wife.	Ја помислих, ти хтеде позвати своју жену.
I thought you wanted to call information.	Ја помислих, ти хтеде позвати информације.
I thought you wanted to order a pizza.	Ја помислих, ти хтеде наручити пицу.

88 [eighty-eight]

Past tense of modal verbs 2

88 [осамдесет и осам]

Прошлост модалних глагола 2

My son did not want to play with the doll.	Мој син не хтеде се играти са лутком.
My daughter did not want to play football / soccer *(am.)*.	Моја ћерка не хтеде играти фудбал.
My wife did not want to play chess with me.	Моја жена не хтеде играти шах са мном.
My children did not want to go for a walk.	Моја деца не хтедоше ићи у шетњу.
They did not want to tidy the room.	Они не хтедоше поспремити собу.
They did not want to go to bed.	Они не хтедоше ићи у кревет.
He was not allowed to eat ice cream.	Он не смеде јести сладолед.
He was not allowed to eat chocolate.	Он не смеде јести чоколаду.
He was not allowed to eat sweets.	Он не смеде јести бомбоне.
I was allowed to make a wish.	Ја смедох нешто зажелети.
I was allowed to buy myself a dress.	Ја смедох купити себи хаљину.
I was allowed to take a chocolate.	Ја смедох узети себи једну пралину.
Were you allowed to smoke in the airplane?	Смеде ли ти пушити у авиону?
Were you allowed to drink beer in the hospital?	Смеде ли ти пити пиво у болници?
Were you allowed to take the dog into the hotel?	Смеде ли ти повести пса у хотел?
During the holidays the children were allowed to remain outside late.	На распусту деца смедоше остати дуже вани.
They were allowed to play in the yard for a long time.	Они смедоше дуго се играти у дворишту.
They were allowed to stay up late.	Они смедоше дуго остати будни.

89 [eighty-nine]

Imperative 1

89 [осамдесет и девет]

Императив 1

You are so lazy – don't be so lazy!
You sleep for so long – don't sleep so late!
You come home so late – don't come home so late!

Ти си лењ / лења – не буди тако лењ / лења!
Ти спаваш тако дуго – не спавај тако дуго!
Ти долазиш тако касно – не долази тако касно!

You laugh so loudly – don't laugh so loudly!
You speak so softly – don't speak so softly!
You drink too much – don't drink so much!

Ти се смејеш тако гласно – не смеј се тако гласно!
Ти говориш тако гласно – не говори тако гласно!
Ти пијеш превише – не пиј превише!

You smoke too much – don't smoke so much!
You work too much – don't work so much!
You drive too fast – don't drive so fast!

Ти пушиш превише – не пуши превише!
Ти радиш пуно – не ради толико пуно!
Ти возиш тако брзо – не вози тако брзо!

Get up, Mr. Miller!
Sit down, Mr. Miller!
Remain seated, Mr. Miller!

Устаните, господине Милер!
Седите, господине Милер!
Останите седети, господине Милер!

Be patient!
Take your time!
Wait a moment!

Стрпите се!
Не журите!
Сачекајте један моменат!

Be careful!
Be punctual!
Don't be stupid!

Будите пажљиви!
Будите тачни!
Не будите глупи!

90 [ninety]

Imperative 2

90 [деведесет]

Императив 2

Shave!	Обриј се!
Wash yourself!	Опери се!
Comb your hair!	Почешљај се!
Call!	Назови! Назовите!
Begin!	Почни! Почните!
Stop!	Престани! Престаните!
Leave it!	Пусти то! Пустите то!
Say it!	Реци то! Реците то!
Buy it!	Купи то! Купите то!
Never be dishonest!	Не буди никад непоштен / непоштена!
Never be naughty!	Не буди никад безобразан / безобразна!
Never be impolite!	Не буди никад некултуран / некултурна!
Always be honest!	Буди увек поштен / поштена!
Always be nice!	Буди увек фин / фина!
Always be polite!	Буди увек културан / културна!
Hope you arrive home safely!	Стигните срећно кући!
Take care of yourself!	Добро пазите на себе!
Do visit us again soon!	Посетите нас поново ускоро!

91 [ninety-one]

Subordinate clauses: *that* 1

91 [деведесет и један]

Зависне реченице са *да* 1

Perhaps the weather will get better tomorrow.	Време ће можда сутра бити боље.
How do you know that?	Одакле знате то?
I hope that it gets better.	Ја се надам да ће бити боље.
He will definitely come.	Он сигурно долази.
Are you sure?	Да ли је то сигурно?
I know that he'll come.	Знам да он долази.
He'll definitely call.	Он ће сигурно позвати.
Really?	Стварно?
I believe that he'll call.	Ја верујем да ће звати.
The wine is definitely old.	Вино је сигурно старо.
Do you know that for sure?	Знате ли то сигурно?
I think that it is old.	Ја претпостављам да је старо.
Our boss is good-looking.	Наш шеф добро изгледа.
Do you think so?	Сматрате ли?
I find him very handsome.	Сматрам да чак врло добро изгледа.
The boss definitely has a girlfriend.	Шеф сигурно има девојку.
Do you really think so?	Верујете ли стварно?
It is very possible that he has a girlfriend.	Врло је могуће да има девојку.

92 [ninety-two]

Subordinate clauses: *that* 2

I'm angry that you snore.
I'm angry that you drink so much beer.
I'm angry that you come so late.

I think he needs a doctor.
I think he is ill.
I think he is sleeping now.

We hope that he marries our daughter.
We hope that he has a lot of money.
We hope that he is a millionaire.

I heard that your wife had an accident.
I heard that she is in the hospital.
I heard that your car is completely wrecked.

I'm happy that you came.
I'm happy that you are interested.
I'm happy that you want to buy the house.

I'm afraid the last bus has already gone.
I'm afraid we will have to take a taxi.
I'm afraid I have no more money.

92 [деведесет и два]

Зависне реченице са *да* 2

Љути ме што хрчеш.
Љути ме што пијеш пуно пива.
Љути ме што долазиш тако касно.

Ја верујем да он треба лекара.
Ја верујем да је он болестан.
Ја верујем да он сада спава.

Ми се надамо да ће он оженити нашу кћерку.
Ми се надамо да он има много новца.
Ми се надамо да је он милионер.

Ја сам чуо / чула да је твоја жена имала незгоду.
Ја сам чуо / чула да она лежи у болници.
Ја сам чуо / чула да је твоје ауто скроз покварено.

Радује ме што сте дошли.
Радује ме што сте заинтересовани.
Радује ме да хоћете купити кућу.

Бојим се да је задњи аутобус већ отишао.
Бојим се да морамо узети такси.
Бојим се да немам новца са собом.

93 [ninety-three]

Subordinate clauses:
if

93 [деведесет и три]

Зависне реченице
са да ли

I don't know if he loves me.	Не знам да ли ме он воли.
I don't know if he'll come back.	Не знам да ли ће се он вратити.
I don't know if he'll call me.	Не знам да ли ће ме позвати.
Maybe he doesn't love me?	Да ли ме он ипак воли?
Maybe he won't come back?	Да ли ће се он вратити?
Maybe he won't call me?	Да ли ће ме он позвати?
I wonder if he thinks about me.	Питам се да ли он мисли на мене.
I wonder if he has someone else.	Питам се да ли он има другу.
I wonder if he lies.	Питам се да ли он лаже.
Maybe he thinks of me?	Мисли ли он ипак на мене?
Maybe he has someone else?	Има ли он ипак неку другу?
Maybe he tells me the truth?	Говори ли он ипак истину?
I doubt whether he really likes me.	Сумњам да ли ме он стварно воли.
I doubt whether he'll write to me.	Сумњам да ли ће ми писати.
I doubt whether he'll marry me.	Сумњам да ли ће ме оженити.
Does he really like me?	Да ли ме он стварно воли?
Will he write to me?	Да ли ће ми он ипак писати?
Will he marry me?	Да ли ће ме он ипак оженити?

94 [ninety-four]

Conjunctions 1

94 [деведесет и четири]

Везници 1

Wait until the rain stops.
Wait until I'm finished.
Wait until he comes back.

Чекај док киша не престане.
Чекај док завршим.
Чекај док се он не врати.

I'll wait until my hair is dry.
I'll wait until the film is over.
I'll wait until the traffic light is green.

Ја чекам док ми се коса не осуши.
Ја чекам док се филм не заврши.
Ја чекам док на семафору не буде зелено.

When do you go on holiday?
Before the summer holidays?
Yes, before the summer holidays begin.

Када идеш на годишњи одмор?
Још пре летњег распуста?
Да, још пре него почне летњи распуст.

Repair the roof before the winter begins.
Wash your hands before you sit at the table.
Close the window before you go out.

Поправи кров, пре него што почне зима.
Опери руке, пре него што седнеш за сто.
Затвори прозор, пре него што изађеш.

When will you come home?
After class?
Yes, after the class is over.

Када ћеш доћи кући?
Након наставе?
Да, након што се настава заврши.

After he had an accident, he could not work anymore.
After he had lost his job, he went to America.
After he went to America, he became rich.

Након незгоде коју је имао, он више није могао радити.
Када је изгубио посао, отишао је у Америку.
Након што је отишао у Америку, он се обогатио.

95 [ninety-five]

Conjunctions 2

95 [деведесет и пет]

Везници 2

Since when is she no longer working?
Since her marriage?
Yes, she is no longer working since she got married.

Од када она не ради више?
Од њене удаје?
Да, она не ради више од када се удала.

Since she got married, she's no longer working.
Since they have met each other, they are happy.
Since they have had children, they rarely go out.

Од када се удала, она не ради више.
Од када се они познају, срећни су.
Од када имају децу, излазеређе.

When does she call?
When driving?
Yes, when she is driving.

Када ће она телефонирати?
За време вожње?
Да, док вози ауто.

She calls while she drives.
She watches TV while she irons.
She listens to music while she does her work.

Она телефонира док вози ауто.
Она гледа телевизију док пегла.
Она слуша музику док ради задатке.

I can't see anything when I don't have glasses.
I can't understand anything when the music is so loud.
I can't smell anything when I have a cold.

Ја не видим ништа, када немам наочале.
Ја не разумем ништа, када је музика тако гласна.
Ја не осећам мирисе, када имам прехладу.

We'll take a taxi if it rains.
We'll travel around the world if we win the lottery.
We'll start eating if he doesn't come soon.

Ми узимамо такси, ако пада киша.
Путоваћемо око света, ако добијемо на лоту.
Ми ћемо почети са јелом, ако он не дође ускоро.

96 [ninety-six]

Conjunctions 3

96 [деведесет и шест]

Везници 3

I get up as soon as the alarm rings.	Ја устајем чим будилник зазвони.
I become tired as soon as I have to study.	Ја постајем уморан / уморна чим требам учити.
I will stop working as soon as I am 60.	Ја престајем радити чим напуним 60.
When will you call?	Када ћете позвати?
As soon as I have a moment.	Чим будем имао / имала тренутак слободног времена.
He'll call, as soon as he has a little time.	Он ће звати чим буде имао нешто времена.
How long will you work?	Колико дуго ћете радити?
I'll work as long as I can.	Ја ћу радити док могу.
I'll work as long as I am healthy.	Ја ћу радити док будем здрав.
He lies in bed instead of working.	Он лежи у кревету уместо да ради.
She reads the newspaper instead of cooking.	Она чита новине уместо да кува.
He is at the bar instead of going home.	Он седи у кафани уместо да иде кући.
As far as I know, he lives here.	Колико ја знам, он станује овде.
As far as I know, his wife is ill.	Колико ја знам, његова жена је болесна.
As far as I know, he is unemployed.	Колико ја знам, он је незапослен.
I overslept; otherwise I'd have been on time.	Ја сам преспавао / преспавала, иначе бих био тачан / била тачна.
I missed the bus; otherwise I'd have been on time.	Ја сам пропустио / пропустила аутобус, иначе бих био тачан / била тачна.
I didn't find the way / I got lost; otherwise I'd have been on time.	Ја нисам нашао / нашла пут, иначе бих био тачан / била тачна.

97 [ninety-seven]

Conjunctions 4

97 [деведесет и седам]

Везници 4

He fell asleep although the TV was on.
He stayed a while although it was late.
He didn't come although we had made an appointment.

Он је заспао иако је телевизор био укључен.
Он је још остао, иако је већ било касно.
Он није дошао, иако смо се договорили.

The TV was on. Nevertheless, he fell asleep.
It was already late. Nevertheless, he stayed a while.
We had made an appointment. Nevertheless, he didn't come.

Телевизор је био укључен. Упркос томе он је заспао.
Било је већ касно. Упркос томе он је још остао.
Ми смо се договорили. Упркос томе он није дошао.

Although he has no license, he drives the car.
Although the road is slippery, he drives so fast.
Although he is drunk, he rides his bicycle.

Он вози ауто, иако нема возачку дозволу.
Он вози брзо иако је улица клизава.
Он вози бицикл иако је пијан.

Despite having no licence / license *(am.)*, he drives the car.
Despite the road being slippery, he drives fast.
Despite being drunk, he rides the bike.

Он нема возачку дозволу. Упркос томе он вози ауто.
Улица је клизава. Упркос томе он вози брзо.
Он је пијан. Упркос томе он вози бицикл.

Although she went to college, she can't find a job.
Although she is in pain, she doesn't go to the doctor.
Although she has no money, she buys a car.

Она не налази радно место иако је студирала.
Она не иде лекару иако има болове.
Она купује ауто иако нема новца.

She went to college. Nevertheless, she can't find a job.
She is in pain. Nevertheless, she doesn't go to the doctor.
She has no money. Nevertheless, she buys a car.

Она је студирала. Упркос томе не налази радно место.
Она има болове. Упркос томе не иде лекару.
Она нема новца. Упркос томе она купује ауто.

98 [ninety-eight]

Double connectors

98 [деведесет и осам]

Дупли везници

The journey was beautiful, but too tiring.	Путовање је било лепо, али превише напорно.
The train was on time, but too full.	Воз је био тачан, али препун.
The hotel was comfortable, but too expensive.	Хотел је био угодан, али скуп.

He'll take either the bus or the train.	Он узима или аутобус или воз.
He'll come either this evening or tomorrow morning.	Он долази или данас увече или сутра ујутро.
He's going to stay either with us or in the hotel.	Он станује или код нас или у хотелу.

She speaks Spanish as well as English.	Она говори како шпански тако и енглески.
She has lived in Madrid as well as in London.	Она је живела како у Мадриду тако и у Лондону.
She knows Spain as well as England.	Она познаје како Шпанију тако и Енглеску.

He is not only stupid, but also lazy.	Он не само да је глуп већ је такође и лењ.
She is not only pretty, but also intelligent.	Она не само да је лепа већ је и интелигентна.
She speaks not only German, but also French.	Она не само да говори немачки већ и француски.

I can neither play the piano nor the guitar.	Ја не знам свирати ни клавир ни гитару.
I can neither waltz nor do the samba.	Ја не знам плесати ни валцер ни самбу.
I like neither opera nor ballet.	Ја не волим ни оперу ни балет.

The faster you work, the earlier you will be finished.	Што брже радиш то си раније готов.
The earlier you come, the earlier you can go.	Што раније дођеш то раније можеш ићи.
The older one gets, the more complacent one gets.	Што си старији то си више комотнији.

99 [ninety-nine]

Genitive

99 [деведесет и девет]

Генитив

my girlfriend's cat
my boyfriend's dog
my children's toys

Мачка моје пријатељице
Пас мог пријатеља
Играчке моје деце

This is my colleague's overcoat.
That is my colleague's car.
That is my colleagues' work.

Ово је мантил мог колеге.
Ово је ауто моје колегинице.
Ово је посао мојих колега.

The button from the shirt is gone.
The garage key is gone.
The boss' computer is not working.

Дугме на кошљи је отпало.
Кључ од гараже је нестао.
Шефов компјутер је покварен.

Who are the girl's parents?
How do I get to her parents' house?
The house is at the end of the road.

Ко су родитељи девојчице?
Како да дођем до куће њених родитеља?
Кућа се налази на крају улице.

What is the name of the capital city of Switzerland?
What is the title of the book?
What are the names of the neighbour's / neighbor's *(am.)* children?

Како се зове главни град Швајцарске?
Који је наслов књиге?
Како се зову деца од комшије?

When are the children's holidays?
What are the doctor's consultation times?
What time is the museum open?

Када је школски распуст деце?
Када су докторови термини за пацијенте?
Када је отворен музеј?

100 [one hundred]

Adverbs

100 [стотина]

Прилози

already – not yet
Have you already been to Berlin?
No, not yet.

Већ једном – још никада
Јесте ли већ једном били у Берлину?
Не, још никада.

someone – no one
Do you know someone here?
No, I don't know anyone here.

Неко – нико
Познајете ли овде некога?
Не, ја не познајем овде никога.

a little longer – not much longer
Will you stay here a little longer?
No, I won't stay here much longer.

Још – не више
Остајете ли још дуго овде?
Не, ја не остајем више овде.

something else – nothing else
Would you like to drink something else?
No, I don't want anything else.

Још нешто – ништа више
Желите ли још нешто попити?
Не, ја не желим ништа више.

something already – nothing yet
Have you already eaten something?
No, I haven't eaten anything yet.

Већ нешто – још ништа
Јесте ли већ нешто јели?
Не, ја још нисам ништа јео / јела.

someone else – no one else
Does anyone else want a coffee?
No, no one else.

Још неко – нико више
Жели ли још неко кафу?
Не, нико више.

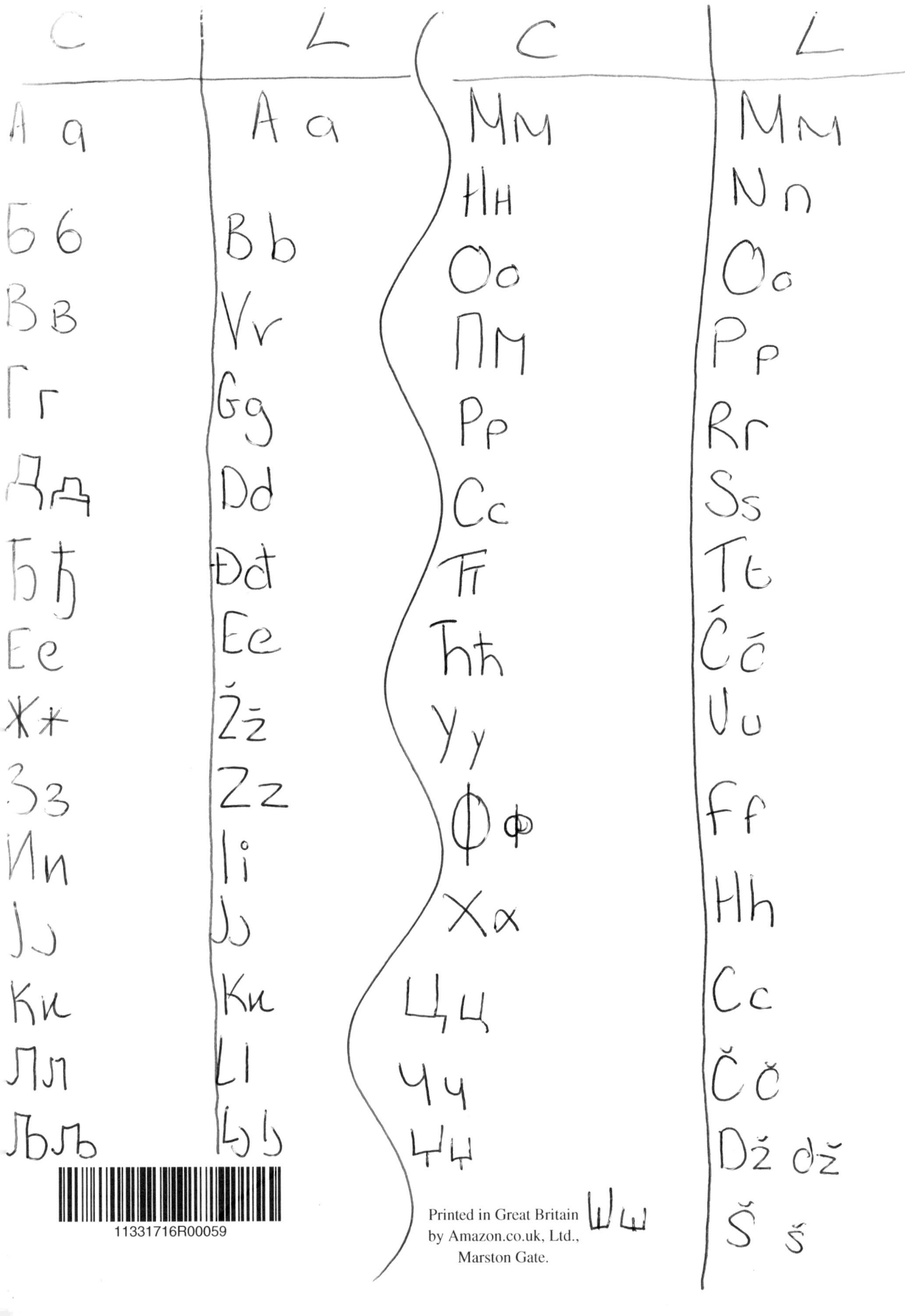

C	L	C	L
А а	A a	М м	M m
Б б	B b	Н н	N n
В в	V v	О о	O o
Г г	G g	П п	P p
Д д	D d	Р р	R r
Ђ ђ	Đ đ	С с	S s
Е е	E e	Т т	T t
Ж ж	Ž ž	Ћ ћ	Ć ć
З з	Z z	У у	U u
И и	I i	Ф ф	F f
Ј ј	J j	Х х	H h
К к	K k	Ц ц	C c
Л л	L l	Ч ч	Č č
Љ љ	Lj lj	Џ џ	Dž dž
		Ш ш	Š š